En busca de Bolívar

William Ospina

En busca de Bolívar

www.librerianorma.com
Bogotá Barcelona Buenos Aires Caracas
Guatemala Lima México Panamá Quito San José
San Juan San Salvador Santiago de Chile

Ospina, William, 1954-
    En busca de Bolívar / William Ospina. -- Bogotá :
Grupo Editorial Norma, 2010.
    256 p. ; 23 cm.
    ISBN 978-958-45-2908-4
    1. Bolívar, Simón, 1783-1830 - Novela 2. Novela
Colombiana 3. Literatura colombiana I. Tít.
Co863.6 cd 21 ed.
A1260643

                CEP-Banco de la República-Biblioteca Luis Ángel Arango

© 2010, William Ospina

© 2010, de la presente edición
Editorial Norma, S. A.
Primera edición: agosto de 2010

Imagen de cubierta: *El Libertador Simón Bolívar,* Antonio Salas,
                        óleo sobre lienzo, 1829.
                        Cortesía del maestro Osvaldo Viteri.
Diseño de cubierta: Susana Carrié
Dirección de arte: María Clara Salazar
Armada: Blanca Villalba Palacios

Impreso por Cargraphics S.A.
Impreso en Colombia - *Printed in Colombia*
Agosto de 2010
ISBN 978-958-45-2908-4
CC 26001172

Vivo mi vida en círculos abiertos
Que crecen sin cesar sobre las cosas,
El último tal vez no lo complete,
Pero quiero intentarlo.

RAINER MARÍA RILKE

Por calles que tienen nombres de batallas
Voy solitario y vano.

JOSÉ MANUEL ARANGO

Bastó que muriera para que todos los odios se convirtieran en veneración, todas las calumnias en plegarias, todos sus hechos en leyenda. Muerto, ya no era un hombre sino un símbolo. La América Latina se apresuró a convertir en mármol aquella carne demasiado ardiente, y desde entonces no hubo plaza que no estuviera centrada por su imagen, civil y pensativa, o por su efigie ecuestre, alta sobre los Andes. Por fin en el mármol se resolvía lo que en la carne pareció siempre a punto de ocurrir: que el hombre y el caballo se fundieran en una sola cosa. Aquella existencia, breve como un meteoro, había iluminado el cielo de su tierra y lo había llenado no sólo de sobresaltos sino de sueños prodigiosos.

Nunca en la América hispánica se había soñado así. El relato dorado anterior a la conquista acunaba otro tipo de sueños: el barro desnudo y ritual vivía en el mito, no había emergido a la individualidad y a la historia. Aquellos reyes que eran el Sol, aquellas diosas que eran la Tierra, aquellos poetas de Tenochtitlán que suspiraban ante la brevedad de la vida, aquellos dibujantes de Tikal y de Palenque que trazaban con arte exquisito las estelas mágicas de los templos, vivieron en un orden casi inconcebible para nosotros: veían en la tierra otra tierra y en el cielo otro cielo. Y los guerreros de conquista, que arrasaron y profanaron por cien años un mundo mucho más vasto que Europa, no entendían de sueños: sólo de delirios y pesadillas.

Bolívar sabía todo eso. Conocía el relato de los lagos de sangre en que fueron ahogadas la nobleza inca y la nobleza azteca, sabía de los llanos de osamentas que prodigaron las espadas y los cañones y que después dispersaron los buitres. Sabía del manto negro de alas de murciélago que los artífices hicieron para Atahualpa y no me extrañaría que supiera también de las esferas de piedra que padres antiguos enterraron en las florestas de Centroamérica, quizá para que sobre su perfección crecieran mundos armoniosos. Y sabía también de la dulzura de África, porque una de sus madres, y tal vez la más entrañable, había sido esa esclava Hipólita que le dio lo que tal vez no sabría darle su blanca madre criolla: elemental ternura humana. "Hipólita —dijo— es la única madre que he conocido".

Como todos los americanos del sur, era un mestizo, sin que para ello importara la raza. Hölderlin había escrito poco antes, comparando la vida del hombre con la vida de los ríos, que la más grande porción de lo que somos "se debe al nacimiento, y a ese rayo de luz que golpea la frente de los recién nacidos". Es grande el poder de ese rayo de luz natal sobre nuestra conciencia: nadie nacido en Colombia dejará de ser colombiano, aunque pase la vida en Samarcanda o en Tananarive, y Bolívar mismo escribió: "La tierra del suelo natal, antes que nada, ha moldeado nuestro ser con su sustancia. Nuestra vida no es otra cosa que la esencia de nuestro pobre país".

Por su origen, pertenecía a la aristocracia; pocos criollos tuvieron como él privilegios. Verlo actuar en sus primeros tiempos es ser testigos de la gestación de una tempestad. En él estaban la fuerza, la indignación, la rebeldía. Y en el mundo que lo rodeaba, el germen mismo de las revoluciones.

Su propio padre, hombre poderoso y verdaderamente acaudalado, ya sentía la incomodidad de vivir como un huésped de segunda en la tierra de la que era dueño. Llegó a escribir a Francisco de Miranda, ofreciendo su apoyo para la causa de la emancipación: "A la primera seña que nos haga, estamos dispuestos a seguirle como nuestro jefe hasta el fin, y a derramar la última gota de nuestra sangre en esta empresa grande y honrosa". Tenía demasiado que defender para dejar que su incomodidad se tradujera en rebelión, o no le alcanzó la vida para cumplir su promesa.

Porque muy pocos de aquellos que lo tienen todo saben sentir lo que les falta. Esos mantuanos opulentos sentían los tacones de la metrópoli en la nuca; el aire que les faltaba era el aire de la autonomía, que empezaba a tener un nombre, que pronto sólo cabría en la palabra independencia, pero el joven Bolívar tuvo que perder a sus padres para empezar a sentir la soledad engendradora de hazañas. Tenía parientes en la vecindad de la corona, y por momentos los Bolívar podían engañarse diciendo que pertenecían a la nobleza reinante en las Indias. Pero a los dieciséis años, en los patios de Madrid, en la cercanía de Godoy y de la reina, jugando con el joven príncipe como un miembro más de la corte, Bolívar no dejaba de sentirse ajeno; había una inquietud en él, una ansiedad.

Esa cercanía habría de servirle, sin embargo, para algo muy distinto de un envanecimiento: él sabía que no pertenecía del todo al mundo de los amos. Ver la corona de cerca le permitió temprano liberarse de la sumisión supersticiosa al poder de la realeza como se la padeció en América durante siglos. Todavía hoy ciertos sectores privilegiados de América practican la ceremonia del besamanos ante la ornamental aristocracia europea: cómo sería hace dos siglos.

Pero el muchacho al parecer escoltó más de una vez a la reina María Luisa en sus andanzas nocturnas desde la casa de su protector hasta el palacio real, y tuvo suficiente roce con la corte para derribar, en una rabieta de adolescente, el sombrero del joven príncipe y ver que la reina le concedía la razón en su cólera. Esos gestos casi insignificantes cobran alguna magnitud vistos a través del lente de la distancia y reinterpretados en el contexto de los grandes dramas históricos. Muchos próceres americanos no podían imaginar siquiera esa corte que los dominaba desde el otro lado del mar, y tenían cierta imposibilidad psicológica para asumir que ellos podían sustituirla en los escenarios de la historia: Bolívar se libró temprano del temor reverencial, del respeto supersticioso por aquel mundo, gracias al azar de haberlo frecuentado en la edad en que se gesta la propia leyenda personal.

Tuvo todavía en la ilusión del amor la esperanza de vivir una vida dedicada a sí mismo y a su fortuna. Quizá si María Teresa no hubiera muerto de fiebre amarilla en 1802, apenas llegada a Caracas, en contacto con esa tierra nueva, Bolívar habría sido otro mantuano ilustrado, dedicado a su hogar y a sus haciendas. Sobre eso nada puede decirse, porque el destino se fragua siempre en la oscuridad, y si tarde o temprano salen a la luz sus gestaciones secretas, lo que sí permanece oculto a nuestra mirada es lo que pudo ser, lo que pudo modificar para siempre el azar.

La muerte de su esposa lo dejó con todo su amor insatisfecho, con una pasión ya inútil llenando sus horas: un muchacho de diecinueve años con todo el tiempo para sí y para sus sueños. Sobre aquella tumba temprana juró no volver a casarse, y nunca traicionó su promesa. Después confesaría que aquel duelo lo convenció de que no había nacido para ser feliz, y ello explica que, sin renunciar jamás a los placeres sensuales, dedicara la vida entera a una pasión distinta.

Volvió a Europa, comprendiendo que lo que se había traído de allí tal vez no era lo que había ido a buscar. Y en Europa lo esperaba la revelación de un destino. Pero ya no quiso anidar en España, donde un día, con el gesto romántico de un joven valiente y un poco salvaje, se había resistido, espada en mano, por un callejón de Madrid, a una inspección policial acaso ordenada por el propio Godoy.

Viajó a Francia, que acababa de pasar por una ordalía de ejecuciones, por las tempestades de la Asamblea Nacional, por la locura histórica de la decapitación de una monarquía, por las oleadas de los partidos sucediéndose en el poder, cada vez más ácidas las olas, cada vez más radicales los discursos, de Mirabeau a Desmoulins, de Danton a Marat, de Robespierre a Saint-Just.

Esas sombras recientes, clamorosas y trágicas, gravitaban sobre los jóvenes de entonces, atentos a la historia, ávidos de libertad y autonomía. Estaba naciendo la edad de las revoluciones: la ilusión redentora de que la voluntad humana podía oponerse a las fatalidades de la historia. Despertados de pronto por la Revolución Francesa, los jóvenes americanos querían menos romper con Europa que con el fardo medieval que España había descargado en América. El sueño de Rousseau les exigía acceder a la modernidad, y no es de extrañar que germinara enseguida en su mente la semilla de libertad que estaban sembrando en el alma de Europa los enciclopedistas y los filósofos ilustrados. Bolívar nació con la revolución, creció expuesto a sus fuegos, y como buen español de la periferia, recibía sin recelos la influencia de Francia, que la España central siempre se negaba a aceptar.

Acaso ninguna frontera fue tan firme y tan hosca como los Pirineos. Esas montañas se alzaban como símbolo de la reticencia de España a dejarse influir por la nación vecina. Si esa isla, Inglaterra, estaba unida a Francia por la historia, esa otra isla, España, trataba de olvidar que estaba unida a Francia por la naturaleza. Por el Mediterráneo llegaron Fenicia y Roma, los judíos y los moros; por el Mediterráneo las puertas estuvieron abiertas mucho tiempo, pero Francia… ¿no se había atravesado siglo a siglo como una fuerza hostil entre España y Europa? ¿No era una barrera en el corazón del imperio cuando España era también Flandes y Alemania y los reinos de Italia? Esa Francia que no se había sometido cuando España llevaba el cetro del mundo quería ahora imponer sus filosofías y sus sueños a una nación orgullosa de su antigüedad y ebria de sus símbolos.

Hispania había sido uno de los corazones del imperio romano, mucho más que las Galias. Era cuna del poder y del espíritu, la tierra de Trajano y de Adriano, la tierra de Lucano y de Séneca. ¿Qué podía mostrar Francia que fuera semejante? Después de ser fiel a los manes de Roma, España se hizo fiel también a las columnas de Cristo: mientras Iberia producía papas defensores de la ortodoxia, Francia era más bien semillero de herejes, tierra de cátaros, cuna de antipapas, surco fecundo para el cisma. Y cuando España decidió arrojar lejos a los moros

y a los judíos, Francia guardaba sus judíos y hasta
se aliaba con los turcos de curvas espadas contra el
poder del emperador Carlos V.

Bolívar se convirtió en algo casi más indeseable que un suramericano: un afrancesado. Un hombre de palco en la Ópera, que derrochaba en París una fortuna amasada en las haciendas de cacao de Caracas. Pero también en Francia se sentía ajeno, y eso habría de agravarse cuando la rebelión, la sustancia misma de su ser, se vio atemperada por una nueva monarquía.

Ahora el mar de la revolución se empozaba bajo el tricornio del poder absoluto; Napoleón mismo tomaba la diadema de las manos temblorosas del papa para ponerla sobre sus propias sienes bajo el cristal de las rosas de Notre Dame, y Bolívar, que había recibido invitación del embajador de España para asistir a la ceremonia y la había rechazado con indignación, se deslizó por su cuenta, casi furtivamente, aquel 2 de diciembre de 1804, y prefirió ver la escena desde la multitud, no desde los estrados de los invitados oficiales, como muestra de su malestar.

La sangre republicana ardía en sus venas. Vio en el emperador un traidor a la causa de la libertad, aunque no dejó de estremecerse viendo a un millón de personas rugir en las calles su admiración por aquel teniente de artillería exaltado por sus méritos a la condición de rey y de semidiós. La integridad moral de Napoleón estaba en duda, pero su gloria era indudable, y el muchacho caraqueño soñaba con una gloria semejante, aunque la prefería conquistada por una causa más noble. En el fondo, hasta podía sentirse satisfecho de que Napoleón hubiera cedido a la ambición: se había apoderado del título de emperador de los pueblos, pero quizás había dejado para otro el título más honroso de libertador de las naciones.

Bolívar iba indignado por las calles: tenía la sangre demasiado encendida de Rousseau y de Diderot, de Voltaire y de Spinoza. Acaso también demasiado llena de Montesquieu, para entusiasmarse con el cesarismo del corso. Ya llegaría la hora que le impusiera la necesidad de ser cesarista y hasta de intentar hacerse César: la vida a todos nos impone ciertas claudicaciones. Sin embargo, todavía su sueño de dar libertad a Venezuela era apenas una idea sin mucha sustancia, un sueño quijotesco surgido de la lectura de los filósofos ilustrados, el sueño de un girondino de la rue Vivienne, de un revolucionario de salón contagiado de modas francesas, y por eso fue tan importante aquel encuentro, que debió darse en casa de su querida Fanny, la prima exquisita que lo había consolado en su viudez.

El huésped desconocido del salón era un barón alemán de unos treinta y cinco años. Por lo que nos dicen sus retratos y sus libros, bien podía eclipsar a Bolívar en aquella sala, porque tenía su elegancia y un cierto brillo de predestinación, pero lo superaba en toda clase de conocimientos y no era inferior en la capacidad de expresarse con convicción y de subyugar al auditorio. Y algo más desconcertante: aquel alemán, catorce años mayor que él, sabía más de Venezuela y de la América hispánica que todos los hombres de su tiempo y, por supuesto, infinitamente más que Bolívar.

Era Alejandro de Humboldt, y acababa de regresar de un viaje de cinco años que lo llevó por Venezuela y por Cuba, por la Nueva Granada, la provincia de Quito y el virreinato del Perú; después había pasado un año entero en México, la Nueva España, y acababa de cruzar el territorio norteamericano y de conversar con los grandes hombres que habían logrado la independencia de los Estados Unidos.

Al otro lado de la frontera, Guillermo de Humboldt recibía las cartas de su hermano y las compartía con su círculo de amigos ilustrados. Goethe y Schiller seguían en un mapa las rutas del joven. Su llegada a Francia fue un acontecimiento: los salones se abrían para el viajero que acababa de descubrir un mundo, y el propio Bonaparte lo recibió con un banquete para escuchar el relato de sus exploraciones. Esto alentaría también la tentativa del emperador de apoderarse no sólo de España sino de sus minas populosas al otro lado del Atlántico.

Pero más definitivo para la historia fue el encuentro de Humboldt con Bolívar: la versión de la América equinoccial que pregonaban sus labios fue una revelación para el joven. Él creía saber a qué mundo pertenecía, pero los ojos de Humboldt eran los ojos de la Ilustración y del romanticismo: Hölderlin no habría hablado con más veneración, con un sentimiento más spinozista y panteísta de aquellas selvas pululantes de vida, de aquellos ríos donde los caimanes parecían bostezar mariposas, de aquellos árboles blancos de garzas, de aquella profusión de ramas que agitan alegres monos diminutos, de aquellas lianas que en realidad son serpientes, flores que al saltar son ranas venenosas, jaguares que son la corona de las selvas voraces.

El propio Bolívar dijo que Humboldt había visto en tres años en el nuevo continente más de lo que habían visto los españoles en tres siglos. El sabio alemán combinaba lucidez y pasión, había sido capaz de asombrarse con América en tanto que otros sólo la habían codiciado, y acababa de ver con ojos casi espantados un mundo virgen, un mundo exuberante, el milagro de la vida resuelto en millones de formas, flores inverosímiles, selvas inabarcables, ríos indescriptibles, de modo que lo que Bolívar vio surgir ante él no fue la América maltratada por los españoles sino la América desconocida y desaprovechada por los propios americanos, el *bravo mundo nuevo* que sería su destino liberar de las cadenas del colonialismo y despertar al desafío de una nueva edad.

Si alguien lo hubiera hecho beber de pronto las pociones que los indios de la llanura preparan con bejucos sagrados o con cortezas milagrosas, quizá no habría alucinado mundos más increíbles que los que le descubrió Humboldt en un francés erudito y cadencioso, y la imaginación de Bolívar debió sentir follajes desconocidos bajo la música de los sueños de Rousseau, debió de oír la cólera de los pueblos condenados a vivir su purgatorio en el paraíso.

Soñaba con la emancipación pero no acababa de concebirla, y tal vez el momento más decisivo de aquel encuentro fue cuando Humboldt, oyéndole exclamar que el Nuevo Mundo sólo podría cumplir su destino si lograba sacudirse del dominio español, le aseguró al joven, que seguía pensativo luego de escucharlo, que las colonias americanas estaban en condiciones de independizarse. Después, Humboldt, con el rostro resuelto y la mirada de quien lo ha visto todo, añadió, sin imaginar acaso qué fuego estaba encendiendo con esa mirada: "Su país está maduro para la independencia, pero yo francamente no veo quién podría encargarse de dirigir esa empresa".

No sabemos cuáles fueron las palabras precisas que pronunció, en aquel aire lleno del fuego de la revolución, de esa capacidad de pedir imposibles que era el espíritu de la época, pero el mensaje de Humboldt se quedó clavado sin duda en su carne como una espina irremediable, y desde aquel momento Bolívar sólo soñó con la libertad de su tierra, y empezó a presentir que sería él ese hombre que Humboldt reclamaba y que no creía haber encontrado. Bonpland, el compañero de viaje de Humboldt, que estaba presente, pronunció entonces la sentencia: "Las mismas revoluciones producen grandes hombres dignos de realizarlas".

Pero quizás ninguna de esas influencias habría dado sus frutos si Bolívar no se hubiera reencontrado en París –algunos dicen que en Viena– con su joven maestro Simón Rodríguez, a quien había perdido de vista desde que huyó al exilio, tras un conato de rebelión en Caracas. La independencia de América se había gestado primero en el cerebro de unos pocos hombres como él, nutridos de Enciclopedia y de Ilustración, y alimentados por la prosa de Rousseau.

Hay un poema de Hölderlin, escrito por aquellos años, que procura darnos una explicación de por qué aquel ginebrino se convirtió en el inspirador de una edad del mundo. El poeta ve a Rousseau como un hombre lleno del espíritu de la profecía, capaz de leer en los signos de su tiempo, indescifrables para otros, todo lo que va a sobrevenir:

Para el hombre de profundos deseos
un signo fue bastante,
y los signos han sido
desde el alba del tiempo la lengua de los dioses.

Su soledad no es más que la evidencia de que ya pertenece a otro tiempo, a una edad que sus contemporáneos no pueden entender. Para Hölderlin, Rousseau, presintiendo y anunciando las conmociones de la revolución y los relámpagos del romanticismo, "comprende al primer signo lo que habrá de cumplirse", y es como el águila que cruza el cielo graznando, seguida por las tempestades. La imagen les conviene a muchos grandes hombres de su tiempo, entre ellos el propio Hölderlin: a Wordsworth y a Novalis, a Voltaire y a Schiller, a Miranda y a Bolívar.

Rodríguez era pocos años mayor que su alumno, pero le bastó ver al muchacho para entender el tipo de educación que necesitaba. Tenía en sus manos el *Emilio* y en su horizonte una edad nueva, profesaba la religión de la naturaleza y la pasión de las nuevas ideas, y fue él quien encontró un cauce para el temperamento nervioso, agitado y caótico del muchacho, un destino para esa energía sin rumbo que en manos de sus primeros tutores parecía siempre a punto de estallar, que en los callejones de Madrid lo hacía parecer un energúmeno, que lo llevaba a morder todas las manzanas del jardín de su protector, como un poseído.

Entre diálogos y cabalgatas, lecturas y largas jornadas de ejercicio físico, fue introduciendo a Bolívar en el molde romántico del buen salvaje; supo dirigir aquel torrente por el cauce de las ideas liberales; descubrió cómo brindarle el sosiego de un destino a aquella fuerza de la naturaleza. Pero en el momento del reencuentro, en la Francia de 1805, encontró a su discípulo casi echado a perder: derrochando en diversiones ociosas la riqueza de sus haciendas, sin hallar rumbo claro para tanta energía, gastando su talento en una ambigua admiración por el hombre que, a su juicio, había traicionado la causa revolucionaria. Es verdad que Bolívar rechazaba a Napoleón y se había atrevido a condenarlo en salones y banquetes en presencia de sus partidarios, pero vivía ebrio de sueños napoleónicos y deslumbrado por la evidencia de su gloria. Rodríguez tomó aquella arcilla que aún no secaba y la sometió otra vez al rigor de sus manos.

Había que romper con esa vida desesperada y decadente, tonificar los músculos, avivar el espíritu; era preciso renovar los ideales y recuperar el sentido del deber hacia la tierra nativa. El maestro no había perdido su embrujo: Bolívar volvió a ser un buen discípulo y aceptó el desafío de un viaje a pie por los Alpes hasta Italia: muchos días de marcha abrumados de fardos, para recuperar el aliento en el soplo de las montañas, para reconciliarse con Rousseau en el espíritu del paseante solitario, por los mismos caminos que recorría Goethe buscando las musas de Roma.

Los Alpes a pie fueron una buena preparación para las campañas que vendrían después. El hombre que cruzaría en guerra los páramos de los Andes, que siguiendo los pasos de Humboldt escalaría el Chimborazo, que atravesaría al lomo de su cabalgadura un continente mucho más vasto y difícil que Europa, no dejaría de evocar en aquellas gargantas las avalanchas sobre los ejércitos de Aníbal, las mil guerras de todos contra todos que tejieron la historia europea, las peregrinaciones y los viajes místicos que esos paisajes sugieren y animan.

Al otro lado estaba Italia, uno de los manantiales del romanticismo que tomó de Roma hasta su nombre. Al otro lado se extendía también el mar de las leyendas. Los poetas y los héroes del norte hacían nacer sus sueños y sus nostalgias en ese mar profético que había amenazado en vano la barca de Julio César y que había llevado en sus olas a los discípulos de Cristo, ávidos por divulgar de reino en reino que habían visto con sus propios ojos al amigo recién resucitado alzarse por los aires y perderse en las nubes.

Goethe, Hölderlin, Keats, Shelley, Byron, todos querían ir al sur a ver la flor de mármol de los anfiteatros, a tocar esa espuma que había arrojado dioses a la playa, a oír cantar al ruiseñor que nunca muere, a beber un vino de grandes libertades y a alimentar los sueños de la nueva edad. Bolívar formó parte de esa procesión de iluminados que buscaba en la claridad mediterránea una luz vieja para su nuevo sueño, para el ideal de la democracia, nacido más allá de los abismos, en esas regiones donde el mar y la luz parecen recomendar la igualdad.

Y los mismos tres rostros que en París le habían revelado su destino, en Italia se mostraron de nuevo, para que el joven Bolívar pudiera examinarlos bajo una luz más clara. En Milán, en la llanura de Montesquiaro, volvieron a ver de cerca al emperador, rodeado por la nube ostentosa de sus generales y como aislado por la simplicidad de su propia indumentaria, bajo una capa sin guarniciones y un sombrero sin adornos. Bolívar sintió otra vez el magnetismo de aquel hombre cuyo destino personal se confundía con los dibujos de la historia. "Toda mi atención se centraba en Napoleón –dijo después– y sólo a él vi entre esa multitud allí congregada. Mi curiosidad era insaciable".

A ese momento corresponde un hecho por lo menos llamativo. Porque si bien Bolívar había visto dos veces a Napoleón, ésta fue la única vez que Napoleón vio a Bolívar, aunque por supuesto no podía imaginar a quién estaba viendo. El trono del emperador había sido colocado en una eminencia de la llanura, y Bolívar y su maestro se situaron muy cerca, para poderlo ver bien mientras pasaba revista a las tropas italianas. Pero Napoleón lo veía todo, y según le contó Bolívar tiempo después a Perú de

Lacroix, varias veces dirigió hacia las dos figuras su lente, hasta que el propio Rodríguez, temiendo que el emperador los tomara por espías, aconsejó a su discípulo que se retiraran.

Napoleón representaba a la vez la derrota y la victoria de la revolución: la derrota de sus sueños de igualdad, porque después de tantos combates, de tantos gritos de libertad, de tantas cabezas cortadas para asegurar el advenimiento de la República y el final de la monarquía, con su corona renacía la pesadilla del poder absoluto; pero también la victoria, porque después de siglos de príncipes que reinaban por derecho divino, cuando para ser rey había que pertenecer a linajes antiquísimos y la maldición de la sangre condenaba a los plebeyos a serlo para siempre, de repente, gracias a la insurrección que hacía a todos iguales ante la suerte, un teniente de artillería casi extranjero se alzaba con la corona de Francia y estaba a punto de convertirse en el amo de Europa; aquello no habría podido ocurrir antes de la gran rebelión: el talento del guerrero, la sagacidad del político y la ambición del aventurero reemplazaban los derechos de sangre, y si un simple soldado podía hacerse emperador, ahora al menos había espacio para el mérito.

No sabemos qué dijo Simón Rodríguez después del encuentro con el usurpador que le revolvía la sangre, pero sabemos que en Roma, arrebatado por ese espíritu italiano de grandes decorados y de gestos teatrales, de rodillas y tomando la mano de su maestro, Bolívar juró en el Monte Sacro no dejar descansar su espada hasta no haber liberado a su tierra de la dominación española. Bolívar comenzaba a ser Bolívar. Y en esos mismos días, por azar, si hay tal cosa, volvió a aparecer Humboldt en el horizonte. Venía de hacer no sé qué excavaciones en el Vesubio, y el encuentro con el muchacho venezolano que había conocido en un salón de París fue ocasión para largas cabalgatas en los alrededores de Roma, para nuevas y exaltadas conversaciones que algún día reinventarán los novelistas.

Otro hecho que es símbolo de la altivez de Bolívar, y también de la fuerza de su carácter, vale recordar de aquel viaje por Italia: la audiencia con el papa Pío VII, el mismo que había ido en vano a coronar a Napoleón. Bolívar, acompañado por el embajador español, se negó a hacer lo que todos: arrodillarse a besar la cruz trazada sobre la sandalia del papa. Podemos imaginar la incomodidad del embajador en la tensión de aquel momento. Parece que el papa, comprendiendo la situación, extendió su anillo para que el joven caraqueño lo besara. Y al salir, ante los reproches del diplomático, Bolívar se limitó a declarar que el papa debía apreciar muy poco el símbolo de la cristiandad, si lo llevaba de esa manera en los zapatos.

Así sonó la hora del regreso. El muchacho de diecinueve años que se había ido no era el joven de veintitrés que regresó a Caracas en febrero de 1807. El país tampoco era el mismo que había dejado.

En realidad, no veía a su país desde el siglo anterior, porque en la breve visita de 1802 apenas tuvo ojos para su mujer y para esa tumba inesperada que lo dejó a solas con sus preguntas y sus sueños. La tierra que se extendía ante él estaba llena de fermentos revolucionarios. Mientras tanto, otro hombre había llegado a sus mismas conclusiones, y llevaba más de veinte años soñando con la libertad de Venezuela: era Francisco de Miranda.

Si a Bolívar le señalaron su camino un emperador, un sabio y un maestro revolucionario, el destino de Miranda lo había llevado a ser parte de la guerra de independencia de los Estados Unidos, parte apasionada y protagónica de la Revolución Francesa, e interlocutor de monarcas y de generales. Aquellas convicciones a las que Bolívar llegó por su experiencia personal y por su formación intelectual las obtuvo Miranda del paisaje de la época y de las grandes tempestades políticas en que estuvo involucrado desde los veinticinco años. Ello también marcaría la diferencia entre sus dos empresas: Miranda creyó siempre que la libertad de su tierra sería fruto de alianzas internacionales, de acuerdos entre grandes potencias y resultado de complejas tensiones políticas: Bolívar comprendió que la lucha interna de los países y la personalidad de sus líderes serían fundamentales en ese proceso; acaso empezaba a ser consciente también de que la libertad sólo podía ser una conquista continental.

Miranda soñó un país, y lo llamó Colombia, para corregir lo que consideraba una injusticia histórica: que no se les hubiera dado el nombre de Colón a las tierras por él descubiertas; y diseñó para ese país una bandera con los tres colores primarios del iris: amarillo, azul y rojo. Ese país abarcaría el continente del sur y, según sus sueños, debía ser gobernado por un monarca hereditario cuyo título sería el Inca. Después Miranda gastó su vida de corte en corte, de riesgo en riesgo y de batalla en batalla, intentando en vano poderosas alianzas entre su país y las potencias enemigas de España.

Pero esas enemistades cambiaban al soplo de los acontecimientos, los rivales de ayer amanecían hermanados por nuevos bandazos de la política, y las colonias americanas salían siempre perdedoras tanto de las disputas como de las reconciliaciones.

Podríamos decir que Miranda envejeció antes de que se hubiera dado la oportunidad histórica de la independencia. Nacido en 1750, tenía casi sesenta años cuando Napoleón invadió España, creando el vacío de poder que por fin aprovecharon los criollos americanos para sentirse por primera vez dueños de su destino.

De las batallas de Virginia a las barricadas de París, de los debates de la Asamblea Nacional francesa a los salones del Parlamento británico, de los conciertos de Haydn en Viena a las mezquitas de Constantinopla, del lecho de Catalina de Rusia a los fiordos de Noruega, Miranda había intentado mover por todas partes los engranajes de la gran política para hacer libre a su Venezuela colombiana, pero sólo a los cincuenta y seis años, en un acto de heroísmo ya desesperado, intentó enfrentar, con barcos de guerra y con sólo 180 hombres armados, el poder español en la costa venezolana, y fue rechazado y derrotado. Ese mismo año lo intentó por segunda vez. Por segunda vez hizo ondear la bandera de los tres colores en la costa de su tierra querida, pero trágicamente nadie acudió a su llamado. Las gentes del país no acababan de saber quién era; su causa, admirable y brillante, estaba sólo en su mente, no había llegado al corazón de sus conciudadanos.

Qué irónicos son los caminos de la historia: en aquel año de 1807, el poder español pudo pensar que con la derrota de Miranda había quedado conjurado el peligro de perder sus dominios en América: no sabía, en ese momento de triunfo, que las tropas francesas que empezaban a entrar en la península pronto se harían dueñas de todo, y tampoco podía imaginar que un muchacho que estaba volviendo a su patria después de años de ausencia, pronto se haría más peligroso que Miranda, y se convertiría en el artífice de una gran rebelión continental. Aunque Bolívar volvió a Venezuela lleno de presentimientos, tampoco él sabía qué puertas iba a abrir a su paso la historia.

Tres siglos había durado aquí la dominación española. Y si el primero fue de masacre y rapiña, los dos siguientes se fueron contando en rosarios solemnes y ambientando con misas de gallo el continuo saqueo de recursos.

El tesoro del norte permaneció en el norte; El Dorado, en cambio, cruzaba el océano en los incansables galeones de la casa de Austria, derivaba hacia las manos anilladas de los banqueros alemanes y genoveses, se cambiaba por las manufacturas de los antecesores de la industria. La corona británica se interesó menos por las riquezas de sus propias colonias que por el botín de los galeones españoles, así que la epopeya, bajo el ala del trono, de los piratas ingleses saqueando los puertos y los convoyes de Tierra Firme fue la versión barroca de un cuento viejo, el cuento del ladrón que roba al ladrón. Y así también la lucha por la libertad de América fue para los ingleses una jugosa oportunidad de nuevos negocios.

Después de tanta sangre, el lazo que mantenía a las colonias atadas al poder español era menos la fuerza que la costumbre. Ni siquiera los que padecían la dominación lograban concebir una vida sin ella, y sólo el ingreso de aquella tempestad desmesurada que estaba trastornando el orden físico y mental de Europa, Napoleón, produjo las rupturas mentales necesarias para que un mundo despertara del letargo de esa dominación de tres siglos y algunos llegaran a pensar que era posible crear naciones e instaurar repúblicas sobre el barro todavía blando del Mundo Nuevo.

Avanzando por Austria, por Prusia, por Rusia, desafiando a Inglaterra, Napoleón quería convertir en extensión de Francia a toda Europa, y no tardó el día en que se le oyó declarar que Francia sería el Mundo. La nueva época nacida de la revolución había intentado reordenarlo todo: las medidas del espacio y del tiempo, las naciones, los nombres de los meses, los principios sobre los que reposaban las instituciones y los dioses bajo los cuales corrían las sangres y crecían los lenguajes.

Ante la fuerza de la modernidad también el mundo ibérico caería. En noviembre de 1807, Napoleón avanzó sobre Portugal: la casa de Braganza tuvo que abandonarse a la clemencia del mar. Un barco inglés le permitió al emperador de Portugal instaurar su trono en las selvas de la costa atlántica brasileña, y aquello fue definitivo para la suerte del Brasil: por un breve tiempo el cuerpo y el alma del imperio coincidieron en suelo americano. Hoy no hay fiesta ni empresa brasileña que no le deba algo a aquel accidente histórico.

Otra fue la suerte de España, y sus reyes se convirtieron en rehenes del nuevo amo del mundo. Se dice que cuando era apenas un cadete, Napoleón tenía en París bajo su custodia a su hermano José, de apenas ocho años, sometido a un régimen casi militar. Un día el pequeño tardó en levantarse y, ante el reproche de su hermano mayor, le dijo: "Es que tenía un sueño muy bello, soñaba que era rey". "¿Que tú eras rey?", dijo Napoleón indignado. "¿Entonces yo qué era? ¿Emperador?". La anécdota, aunque ha de ser falsa, ilustra bien el espíritu de aquel hombre que habría de exaltar en reyes a sus hermanos, y fue por ese espíritu que José Bonaparte terminó convertido en monarca de España.

El plan de Napoleón era apoderarse también de los territorios de América, pero las colonias empezaban a estar hartas de la dominación colonial, y cuando las alcanzó el rumor de que su rey era prisionero de los franceses optaron por asumir su mayoría de edad y declarar, de modo incruento, la independencia en todo el continente. El primer

movimiento fue protagonizado más por las ciudades que por aún indefinidos países. Caracas declaró
su independencia el 19 de abril de 1810, y Bolívar,
cuya casa era sede de muchas conspiraciones, habría debido ser uno de los firmantes del Acta, pero
la iniciativa había sido de los rebeldes moderados,
y Bolívar era visto como un radical nacionalista.
Aquel día se encontraba en su hacienda, bajo vigi-
lancia, y los hechos se consumaron en su ausencia.
Los distintos cargos de la nueva administración
estaban provistos, y si fue nombrado embajador
en Londres, con la misión de hacer reconocer del
gobierno inglés el territorio emancipado, acaso se
debió a que él mismo prometió sufragar los gastos
del viaje.

Pero la vida es como el arte: nadie sabe qué busca hasta cuando lo encuentra. Ahora sabemos que, aunque esa era su intención, Bolívar no fue a Inglaterra a obtener el reconocimiento del gobierno británico, sino a encontrarse con Francisco de Miranda y dar comienzo a uno de los momentos más brillantes y más dramáticos de la independencia americana. Brillante, porque la relación de los dos venezolanos no podía ser más novelesca: un pensador, militar y político de sesenta años, veterano de todas las guerras, amigo de todos los grandes hombres de su tiempo, obsesionado con la independencia y habituado al gran mundo, y un soñador joven y rico, más iluminado de ideas que de experiencias, cuya ardiente impaciencia se consumía por entrar en acción.

Aquellos días en Londres se los vio por todas partes, en restaurantes, parques y teatros, conversando

por las avenidas llenas de coches, y la prensa lon-
dinense se ocupó de ellos. Vieron las mismas calles
por las que vagaba Thomas de Quincey buscando
en vano a su amiga perdida; por las que una década
después andaría casi dormido el pequeño Charles
Dickens yendo desde la cárcel de su padre hasta
la fábrica de betún donde trabajaba; por las que
debía cruzar el pobre John Keats, de quince años,
huérfano también de padre y madre, ese muchacho
que dijo que "el creador debe crearse primero a sí
mismo", y para quien se resolvió en ansiedad y en
desdicha el mismo amor por la naturaleza y la misma sed de acción que harían de Bolívar uno de los
nombres del mundo.

Y poco faltó para que el joven embajador de
Venezuela se encontrara en los salones de Londres
con un aristócrata resentido e incendiario, lleno
de sueños liberales, seductor endiablado y héroe
postergado, que doce años después sería el primer
admirador de Bolívar en Europa: el poeta George
Gordon Byron, cuyo destino más tarde fue la obse-
sión siempre frustrada de unirse a los ejércitos del
Orinoco en la lucha por la libertad de Colombia.
Pero en ese mismo año de 1810, Byron acababa de
abandonar las calles de Londres a las que Bolívar
llegaba, para emprender su peregrinación ritual
por Europa, que lo llevó desde las verdes colinas de
Sintra, en Portugal, pasando por España, por Italia

y por Grecia, hasta las aguas azules del Bósforo, donde se convirtió en el primer europeo en cruzar nadando desde Europa hasta el Asia.

La admiración de Bolívar por Miranda tenía mucho de ese *pathos* romántico. Pero debajo de esa admiración se fue desencadenando algo trágico: la relación con el padre que nunca tuvo, el descubrimiento gradual de que ese padre rivalizaba con el hijo, le discutía su derecho a tener criterio propio, mantenía una concepción de la política y la lucha revolucionaria que no se parecía en nada a la que Bolívar veía nacer en sí en contacto con la realidad americana. Pero en el primer encuentro todo fue luz y confianza: Bolívar lo convenció de que volviera consigo a Venezuela y se erigiera en uno de los jefes de la revolución.

Tal vez Miranda había vivido demasiado en Europa y ya no sabía bien qué mundo era el suyo. Soñaba construir en América naciones europeas, lo cual era acaso posible; quería construirlas a la manera europea, lo cual era ya más difícil. Bolívar pasaría el resto de su vida descubriendo asombrado lo que había en América, pero algunas cosas las advirtió desde el comienzo: no sólo la curiosa diversidad de los países, sino su diferencia radical con Europa. No podía liberar a América quien no supiera que esta tierra es otro mundo, o, como diría nuestro Fernando González, Otra Parte.

El hecho de que el contacto original de Europa con América no hubiera sido un Encuentro sino un Choque; el hecho de que el contrato del Atlántico hubiera sido por tres siglos un contrato de servidumbre; el hecho de que el nativo de América fuera radicalmente distinto del hombre europeo, mucho más afín al asiático y en particular al indio (lo que explica por qué, intuitivamente, los europeos le dieron ese nombre); el hecho de que durante tres siglos aquí se hubiera aclimatado la esclavitud, y se hubiera dado una tal diversidad de mezclas humanas, sometidas todas a la estratificación de la metrópoli, el hecho de que la naturaleza permaneciera sin interrogar y lejos de ser descifrada: cada uno de estos hechos influyó decisivamente en el proceso revolucionario que aquellos dos hombres desencadenaron en la vecindad del Caribe y que después

Bolívar dilató por el continente con un ardor y con una obstinación que no parecían humanos.

Miranda estaba hecho a la medida de las tormentas revolucionarias, de los debates de la asamblea, de las legiones imperiales y de las polémicas parlamentarias; Bolívar era hijo de la aristocracia reinante en las Indias, pero había en él también un llanero silencioso demasiado cercano a la tierra, un hijo adoptivo de esclavos, un temperamento sensual, un seductor, un bailarín, un caribeño cerril, un pensador original que no se resignaba a imitar a nadie, ni a la organizada Inglaterra ni a la pensativa Francia, que sabía que su América iba a ser capaz de ofrecer novedades al sueño de la civilización, cosas aún inconcebibles, todavía impensables, pero que sólo llegaría a concebirlas y a pensarlas si se permitía ser por sí misma, mirar la historia desde sus propios ojos, dejar de sentirse invitada de segunda al banquete del mundo.

El sueño de la democracia, el sueño de la república, apenas comenzaban. Si en Europa era difícil abrir camino al ideal de la libertad, la igualdad y la fraternidad, en Europa, donde no había razas indígenas profanadas ni legiones de esclavos despojados de toda noción de derechos, donde los mestizajes eran tan antiguos que ya se percibían como nacionalidades homogéneas, cuánto más difícil era concebir democracias de españoles y criollos, indios y negros, mestizos y mulatos y cuarterones y zambos. ¿Cómo construir repúblicas donde la diversidad no diera lugar a una interminable anarquía, donde las razas y las costumbres no alentaran una insaturable guerra civil? ¿Cómo fundar instituciones capaces no sólo de contener esa pluralidad sino de engrandecerla, convirtiendo a aquellos individuos plurales en ciudadanos solidarios?

Bolívar nunca resolvió ese dilema, porque esa sería la tarea de las generaciones, y todavía es la tarea de nuestros países, pero hizo lo más difícil: dar el primer paso imposible hacia lo desconocido. Su hazaña sólo puede describirse con esos versos vertiginosos de Baudelaire, escritos mucho después de aquello:

Cielo, infierno, ¡qué importa!

¡Al fondo de lo desconocido para encontrar lo Nuevo!

La política intentó convertirlo en estatua, detenerlo en el mármol, pero su leyenda se fue extendiendo por la historia, por el arte y por la literatura; bibliotecas enteras se llenaron con sus hechos y con la reflexión sobre sus hechos; su obra y su vida merecieron todos los análisis, fueron sometidas como pocas al examen del tiempo, y se debate todavía sobre él como si estuviera vivo, como si estuviera a punto de tomar cada una de sus decisiones. Pocos seres humanos llegaron a ser de tal manera referente de todas las políticas y base de todas las doctrinas, por pocos llegan a disputarse de tal modo las facciones más enfrentadas.

Pero ¿qué le dio ese prestigio, y ese aire de leyenda que roza lo sobrenatural, sino la sorpresa tardía de unas naciones descubriendo que aquel hombre casi siempre había tenido razón? En este punto, el que estudia a Bolívar corre siempre el riesgo de idealizarlo: sus hechos fueron tantos y tan decisivos, sus determinaciones tan pródigas en consecuencias, y el escenario geográfico e histórico en que se cumplieron sus hazañas tan difícil, que no sólo es posible encontrar justificación para muchos de sus actos sino que el conjunto nos enfrenta al cuadro excesivo de una voluntad ineluctable y de una reserva de energía sorprendente.

Para sus contemporáneos, presenciar el espectáculo de su vida era enfrentarse a una cadena de acontecimientos y decisiones a menudo inexplicables: era fácil, como siempre, interpretar erróneamente sus intenciones. Pero la mayoría de los seres humanos no tenemos la historia como testigo y juez de nuestras acciones, el juicio final se nos hace en privado y no tiene como testigo al mundo: Bolívar era un hombre arrebatado por el genio o el demonio de la historia, y sólo la historia podría dar el veredicto.

¡Qué vértigo de acontecimientos! El joven que se niega a besar la cruz en la sandalia del papa y que sonríe a la salida diciendo que si ese prelado lleva el signo de su fe en los zapatos es porque seguramente no lo aprecia mucho; el muchacho opulento que convoca a un banquete en París a una legión de personajes influyentes, políticos y militares, seguidores de Napoleón, para descargar sobre ellos un feroz discurso libertario contra el usurpador, y que pierde en un día la amistad de casi todos ellos; el hombre que avanza entre la multitud por aquel París de callejones jorobados de 1804 con el alma partida entre el odio por el emperador y la admiración delirante por el héroe popular; el hombre que arroja a un cura de su tribuna en una plaza en ruinas, ante la desesperación de la multitud, el día del terremoto de Caracas, porque no puede admitir que alguien esté atribuyendo a la revolución las catástrofes de la naturaleza, son menos desconcertantes que el que sería Bolívar después.

Hay que verlo haciendo cabriolas sobre un caballo ante un grupo de llaneros, y despertando con ello la indignación del experimentado Miranda, quien sentía que esas indisciplinas no permitirían formar nunca un ejército competente; hay que verlo apuntando en un amanecer con su pistola al rostro de ese precursor de la independencia, que había sido además su gran amigo e inspirador, y hay que verlo dejando a aquel padre en manos de los enemigos españoles, que le darían el oprobio y la muerte; hay que verlo aceptando un pasaporte salvador de las mismas manos que han encarcelado a Miranda; hay que verlo en Barrancas, junto al Magdalena, después de la catástrofe y del exilio, desobedeciendo las órdenes de su jefe, el capitán Pierre Labatut, y llevándose las tropas hacia Tenerife y Mompox, y después en Cúcuta darles la orden de avanzar hacia Venezuela, sin esperar la autorización de sus jefes neogranadinos; hay que verlo exigiéndole a Mariño, quien había rescatado media Venezuela, que se sometiera a sus órdenes y renunciara a gobernar su república oriental; hay que verlo amenazando a Santander con que lo condenaría a muerte, el día mismo en que se conocieron; hay que verlo en otra ocasión pensando en poner sitio a Cartagena, que estaba gobernada por patriotas; hay que ver centenares de acciones suyas, inexplicables para quienes las presenciaban, para pensar que aquel hombre tal vez estaba loco.

Pero el que estudia corre el riesgo de sentir que había método en su locura, que hasta en los momentos en que parecía más delirante la decisión que tomaba era la más acertada, dentro de lo posible, y la más conveniente, no para sí mismo, sino para su país. Y si se medita que aquel país en el que pensaba no existía aún, que aquella gran nación por la que luchaba en realidad no existe aún, doscientos años después, uno justifica el vértigo. Uno a veces termina pensando que Neruda acierta cuando dice que en este mundo Bolívar está en la tierra, en el agua y en el aire, que Bolívar es uno de los nombres del continente.

Los enigmas que su vida plantea no acaban de ser resueltos por sus biógrafos. Éstos han logrado rastrear los hechos con dedicación, a veces con admiración, a menudo con todo detalle. Y todos no escriben el mismo libro: se complementan bien, se ayudan unos a otros. Masur es más minucioso y académico, John Lynch es más sintético y persuasivo; Masur nos dice que por atender asuntos personales Bolívar llegó tarde a una batalla, como Marco Antonio, pero es Indalecio Liévano quien nos cuenta cómo se llamaba *ella*. Nos cuentan todo con tanta minucia, y desde perspectivas tan distintas, que nos sentimos cerca de comprender la razón de las sinrazones de ese hombre asombroso.

Acabamos comprendiendo que en aquella mañana de los cuarteles, cuando Miranda se asomó y vio a un oficial saltando a lado y lado del caballo, haciendo cabriolas de jinete ante los rústicos llaneros, cuando se acercó a sancionarlo por su indisciplina antes de descubrir indignado que era el propio Bolívar quien estaba ofreciendo ese espectáculo, no era Miranda quien tenía la razón. El veterano oficial, héroe de tres revoluciones y jefe experimentado de grandes ejércitos, soñaba con formar en América armadas de disciplina prusiana, regimientos que se arrojan al horno como figuras de cera a un solo golpe de voz, como los que a esa hora estaba fundiendo Napoleón en los braseros de Europa. Pero Bolívar sabía que con la arcilla de esta América no se podían amasar ese tipo de ejércitos, que su primer deber era ser aceptado por esos rudos peones que lo sabían todo del caballo y la lanza, y que nunca respetarían a un jefe que no fuera capaz de hacer todo lo que ellos hacían.

Miranda había gastado su vida creyendo que la libertad de su América la harían los acuerdos políticos: Bolívar sentía ya que esa libertad sólo la alcanzaría la lucha de los pueblos, y que sus protagonistas no serían ministros y diplomáticos sino esos mestizos y esos zambos del morichal y de la ciénaga que parecían apenas emerger de la tierra como criaturas adánicas, sin costumbres civiles, a los que les tocaría aprender en la lucha lo que merece un ser humano y sobre todo lo que merece un ciudadano. Miranda soñaba con la libertad de América, pero tenía el alma para siempre en Europa.

Y también acabamos descubriendo que, meses después, cuando, sin duda con las mejores intenciones, Miranda firmó el armisticio con los españoles, estaba de verdad abandonando una lucha que ya comprometía a millones de seres, y que, a causa de ese abandono, los dominadores no sólo perpetuarían su poder sino que lo harían de un modo cada vez más humillante.

Sí, Bolívar habría podido permitirle que se embarcara y se fuera al exilio, pero para eso tendría que ser jefe de algo, y en ese momento no era más que un comandante derrotado que castigaba en el último instante lo que él consideraba una traición. Él mismo no tenía segura la cabeza y no tenía futuro alguno: allí sólo obraba su indignación: el sentimiento de que su maestro e inspirador se había mostrado capaz, en un arrebato de dignidad o de exasperación, de arrojar por la borda la lucha de todo un pueblo. Miranda había sido nombrado jefe pero al parecer se creía dueño de la revolución; creyó que podía entregarla sin consultar siquiera con sus hombres. Hay que decir más bien que en ese momento, uno de los más terribles de su vida, hundido en la desesperación de haber perdido el fuerte de Puerto Cabello y desgarrado por la urgencia de recuperar el terreno perdido, Bolívar, quien tiene fama de hombre impulsivo y a veces colérico, pudo haber disparado a la cabeza del jefe que abandonaba la lucha, y más bien tuvo la contención de exigir que se le hiciera un juicio, esperando, eso sí, que fuera fusilado. Los españoles no le dieron tiempo de cumplir ese rito legal: en confusas circunstancias se apoderaron de Miranda, y al reducirlo a prisión, demostraron cuán torpemente éste se había equivocado al confiar en ellos.

Dos semanas después, mientras Miranda comenzaba su cautiverio final, trágico y sombrío, Bolívar, por intercesión de su amigo el español Iturbe, estaba a punto de recibir de Monteverde un pasaporte que le permitiría salir del país y sobrevivir al naufragio de la Primera República, y fue en ese momento cuando el español dijo que el pasaporte se le concedía por los servicios prestados al rey de España, al entregarles al jefe de la revolución. Bolívar sintió un escalofrío. Aunque era lo que menos le convenía, alzó la voz para decir: "Yo no arresté a Miranda para prestar un servicio al rey, sino para castigarle por haber traicionado a su país".

Todo estaba dicho. El funcionario, que ya le extendía el pasaporte, lo retuvo de nuevo, pensando seguramente que a aquel hombre más bien había que llevarlo a acompañar al otro en la cárcel. Entonces la estrella que tantas veces salvaría a

Bolívar a lo largo de una vida de peligros incesantes, la misma estrella que lo retuvo en Jamaica en una casa deshabitada mientras cerca de allí un proveedor de sus tropas era asesinado en su hamaca; la misma estrella que lo recibió en Cartagena en 1812, cuando era nadie, como Ulises; la misma que lo alumbró en Mompox, y lo llevó en dos semanas a duplicar su tropa; la misma que le dio barcos y pertrechos en Haití cuando era un desterrado lleno sólo de delirios; la misma que le propuso locamente, ya con el llano libre, cruzar la cordillera impracticable y dar un golpe inesperado a los españoles en Boyacá; la misma que alumbró su diálogo a puerta cerrada con el jefe de los ejércitos del sur en Guayaquil; la misma que arrojó a su paso una corona de flores o de hojas de laurel desde un balcón de Quito; la misma que con el rostro del amor le abrió la ventana al frío de septiembre para que escapara a los puñales de sus amigos, en ese momento iluminó a Iturbe para decirle al general Monteverde: "No le haga caso a este calavera, y dele el pasaporte para que se vaya de una vez".

No sólo salió derrotado. Aquel pasaporte era el símbolo del fracaso de una nación, pero también del fracaso de una amistad y de un destino. Atrás sólo había ruinas: el terremoto de 1812 parecía llenar con su estrago todo el horizonte de aquella época. Pero en adelante encontraremos esa extraña capacidad de Bolívar para reinventarse. Y es importante ver que el primer instrumento de esa reconstrucción siempre fue la escritura.

El texto que hizo para pensar la experiencia de la Primera República, para examinar los errores y formular las nuevas tareas debió de ser concebido en Curazao, pero después, por razones políticas, Bolívar le daría el nombre de Manifiesto de Cartagena. En su idioma encendido estaba naciendo el político que examinaba todos los hechos y trazaba las pautas de una nueva fase de la guerra. El hombre que aparece en esa proclama ya está curado de ilusiones: es un guerrero desconfiado y en cierto modo implacable.

"No los españoles sino nuestra propia desunión nos ha llevado nuevamente a la esclavitud. Un gobierno fuerte podría haber cambiado todo. Podría hasta haber dominado la confusión moral que siguió al terremoto. Con él, Venezuela hubiera sido libre hoy". No olvidó que Miranda soñaba un país pero retrocedía ante sus desafíos y se negaba a aprender de él. Ahora Bolívar sabía que la guerra americana, más que una guerra sólo contra los españoles, era una guerra contra la falta de fe de los propios americanos, contra sus limitadas ambiciones, contra la comodidad de los que quieren libertad pero no sacrificios, contra la apatía de unas gentes perdidas en grandes paisajes desolados.

No en vano admiraba tanto a Voltaire: una empresa como la que Bolívar presentía sólo cabe en frases como la que Voltaire acuñó para los hombres de su tiempo: "Necesitaban milagros: los hicieron". Y era a la vez una lucha con la naturaleza equinoccial: sus adversarios serían también las tempestades y las ciénagas, los páramos y los llanos ardientes, los tigres, los caimanes, las sombras que serpentean sobre las hojas muertas.

Miranda se inclinaba más por defender posiciones que por atacar y obtener otras nuevas, y con ello ni siquiera había logrado conservar lo que le dieron.

La política de la Primera República había estado marcada por la falta de audacia, por una suerte de parálisis, como si en vez de apoderarse de un país todos estuvieran esperando que éste les fuera cedido cortésmente. Lo que ahora busca el Manifiesto de Cartagena es un cambio de actitud y de ritmo. Que las palabras y los hechos vayan juntos, marchando en la misma dirección, que se reflejen y se alimenten recíprocamente: que el pensador no esté más en conflicto con el hombre de acción.

Pero el más grave de los aprendizajes de entonces no está tanto en las palabras cuanto en el espíritu de ese manifiesto, en la dureza de su ritmo y en lo feroz de sus planteamientos: Bolívar ha aprendido de golpe que no está comprometido en un ejercicio idealista sino en una guerra, con toda la brutalidad, el barro, la sangre, el dolor y la crueldad que esa palabra encierra.

Destruida Venezuela, Bolívar buscó a los patriotas de la Nueva Granada, que habían declarado la independencia, también de modo incruento, en el mismo año de 1810, cuando el grito de libertad sacudió por igual a todas las provincias. Nadie podía imaginar que aquel hombre que venía huyendo de las furias, de padecer sucesivamente un terremoto, una traición, una derrota y un destierro, "venía envuelto en el manto de Iris", ya estaba midiendo en su fuga la magnitud de la patria que le sería preciso inventar.

Lo primero que le exigieron sus nuevos jefes era ya un imposible: permanecer inmóvil. Pero ese propósito de inmovilizarlo sólo lo lograron los hombres cuando lo detuvieron en mármol.

•Le daban una pequeña tropa en Barrancas pero ¿le prohibían moverse? Bolívar, siempre dispuesto a escuchar las órdenes de sus jefes, se diría que ya sólo obedecerá las órdenes de la realidad. El río Magdalena estaba en poder de los españoles. Liberar de tropas realistas la arteria central del territorio podría ser una buena ayuda: que los gobiernos patriotas decidieran después si lo agradecían o no.

Pero la Nueva Granada vivía en aquel momento ese estado de sonambulismo político al que llamaron los historiadores la Patria Boba. Las provincias, intoxicadas por la ilusión de ser libres y dueñas de un pequeño poder territorial, luchaban unas contra otras con furor incestuoso. Antonio Nariño, el gran hombre neogranadino, lúcido, cultivado y valiente, no consiguió siquiera que la vecina provincia de Tunja se aliara con Santafé. Cuando envió sus emisarios para invitarlos a la unión, Tunja le respondió con espadas hostiles y con cañones. El joven y angustiado Antonio Ricaurte, jefe de las tropas de Nariño, desertó en la batalla de Ventaquemada, abrumado por el temor de dar muerte a su hermano y a sus parientes, que venían en el bando contrario, y dejó a su ejército descabezado en la niebla bajo las balas ciegas del enemigo.

Tras defender como pudo su ciudad, a la sombra de los cerros, en batallas en las que combatieron hasta las vendedoras de hortalizas de San Victorino, y donde sus propias hijas dispararon cañones, Nariño logró más tarde conformar un ejército de las provincias, pero con vínculos tan débiles que, a medida que avanzaba con ellos hacia el sur, al encuentro de los españoles, iba perdiendo soldados noche a noche, por Ibagué, por Cartago, por Cali, por Popayán, por el rigor extremo del cañón del Patía, de un modo tan absurdo y delirante, que el héroe llegó a Pasto, donde estaba el fortín enemigo, con apenas dos hombres, y lo único que pudo hacer fue rendirse ante las tropas que pensaba destruir. Y sin embargo lo hizo con gestos tan temerarios y teatrales, que todavía hoy esa tierra generosa, que había sido su enemiga, lleva su nombre.

Y esa era la Nueva Granada, la tierra conflictiva y compleja a la que Bolívar llegaba buscando ayuda en la derrota, una tierra de la que ya no podría desprenderse, la tierra que heredaría el nombre de su Colombia, donde se cumplieron algunas de sus campañas más audaces, donde encontró tal vez sus mayores obstáculos, la tierra que multiplicaba sus fuerzas, la tierra donde lo estaban esperando la gloria, la traición y la muerte.

A los treinta años Simón Bolívar tiene demasiada energía, demasiada influencia sobre aquellos muchachos de las orillas del Magdalena para
quedarse inmóvil viendo el bostezo eterno de los
caimanes. Las chalupas lo llaman. En cuatro semanas de movimientos ágiles por el río, de asaltos
sorpresivos en las orillas, de avances por cañaverales
y selvas vivas, deja el río libre de enemigos y mul-
tiplica por tres sus propias tropas. Si la obediencia
lo había paralizado en Puerto Cabello unos meses
atrás, ahora la insubordinación lo pondrá de nuevo
a las puertas de su patria.

Nada nos servirá mejor para entender cómo era
este hombre que esa campaña vertiginosa de 1812 a
1813. Verlo llegar vencido a Curazao pero pensando
día a día cómo empezar de nuevo; verlo llegar a
Cartagena con sólo un manifiesto en las manos que
más bien parece la carta de un náufrago; verlo allí

convencer de su sueño revolucionario al presidente Manuel Rodríguez Torices, mientras se escuchan voces con acento francés que lo consideran más bien un desertor y hasta exigen que se lo fusile; verlo tomar el mando de doscientos hombres en la aldea de Barrancas, y recibir la orden de permanecer allí sin moverse. Jamás olvidaría las armas que le dieron: tres pistolas, dieciséis fusiles enmohecidos, treinta y dos lanzas, veinticinco machetes y unos treinta cuchillos. Y pensar que de ese arsenal irrisorio nació la Segunda República Venezolana. Diecisiete años después, bajando por el río en el viaje final, Bolívar todavía le enumeraría a Perú de Lacroix esos viejos hierros, cruzando ante los mismos escenarios de aquella aurora mítica. Verlo contrariar las órdenes de su hostil comandante Labatut, quien había llegado a América con Miranda y ahora le cobraba injustamente el desastre de La Guaira; ver a Bolívar, desafiando la horca, avanzar en balsas torpes por orillas aquí cenagosas y allí prietas de selva, remando a penas contra la corriente y rezándole en vano al dios del viento. Verlo atacar en Tenerife al enemigo con una parte de la tropa, mientras la otra rechaza a los caimanes. Verlo ascender con sigilo hacia Mompox entre guaduales tupidos sin presentir que, de pronto, el bullicio delator de los loros desataría contra su tropa los cañonazos españoles. Verlo triunfar en dos asaltos, perseguir a los realistas despavoridos por la selva y capturar a muchos. Parece que al final el número de prisioneros era mayor que el de los captores.

Y en medio de las escenas bélicas ver a Bolívar en Tenerife rendido en el abrazo de "la bella y tierna francesita" Anita Lenoit. A Perú de Lacroix sólo se la menciona, de paso, mirando con nostalgia las orillas del Magdalena. Pero Indalecio Liévano se las ha ingeniado para reconstruir la historia, que no ocurre en Tenerife sino en la borrosa aldea de Salamina, donde un comerciante francés se había establecido en una casita del poblado, que se destacaba entre las otras por tener un jardín florecido. En la cantina del pueblo, a donde entraron buscando información sobre las tropas realistas a las que pensaban atacar, Bolívar tuvo noticias de una muchacha hermosa que hablaba en un idioma extraño. Más tarde iba caminando entre las chozas, cuando allá, en la única casa con jardín de la aldea, apareció a sus ojos esa jovencita rubia de diecisiete años. Hasta en los lugares más perdidos, Bolívar sabía encontrar la belleza. La saludó en francés, y pronto estaban hablando de París, de los rincones y los parques de esa ciudad que él bien conocía. A la muchacha debió parecerle increíble encontrar de repente, junto a los ríos salvajes de la Amerique du Sud, a ese guerrero elocuente que le reinventaba en su lengua los jardines con mármoles, los palacios y las fuentes de esos barrios perdidos.

No estuvieron juntos más de tres días, hacia la Navidad de 1812, pero, urgido por las batallas que esperaban y por la inminencia de la separación, aquel encuentro en francés fue intenso y apasionado, y marcó sus vidas con fuerza, aunque Bolívar tenía en la guerra mejor refugio para la separación que aquella muchacha solitaria, perdida en una aldea bajo las grandes selvas fluviales. Ese jardín se abrió para Bolívar en medio de su intrépida campaña por la liberación del Magdalena. Anita lo buscaría después, en Tenerife, decidida a irse con él a la guerra, y él, que nada podía ofrecerle, en medio de su obstinación por volver a Venezuela a refundar la república, no encontró otra manera de disuadirla de esa locura que la promesa embustera de regresar un día a casarse con ella.

Todavía en Salamina se cuenta que años después, cuando ya iba descendiendo hacia la muerte, Bolívar preguntaba en vano por ella, y que Anita, ya una mujer de treinta y cuatro años, al enterarse, navegó río abajo persiguiendo el cortejo y llegó a Santa Marta cuando hacía apenas unas horas que el general Bolívar había muerto.

Porque siempre, desde el comienzo, después de las batallas vendrán los bailes, los amores. Su vida "está pendiente de una rosa", y basta recordar un episodio ulterior: mientras aturdía las calles el bullicio de los guerreros que acababan de entrar en Mompox, la bella y entrañable ciudad del río Magdalena, Bolívar, que dormitaba en un zaguán, casi desnudo sobre la hamaca, sintió de pronto como si un gato de monte acariciara el lomo contra su cuerpo. Y allí lo visitó una visión que lo perseguiría por tantos años de guerra: la muchacha mulata bellísima, "de ojos rasgados y color pardo", cuya piel morena tenía el excitante aroma de la selva. "Me miró coqueta haciéndome un guiño para que la siguiera, acto que hice volando, y entrando en el cuarto se dispuso en su mejor forma, y produjo en mí tal motivación, que parecía estallarme el cuerpo en mis palpitaciones". Será el Bolívar enfermo y casi agónico del descenso por el Magdalena quien recuerde esas rosas del camino: "Era exuberante, cálida, mojada toda, la momposina. Hizo de mí las delicias de Eros en una tarde palaciega y por dos días más". "Se llamaba Rebeca, y nunca supe de sus apellidos, ni de dónde vino, ni adónde fue, ni hubo momento a preguntar por qué se había entregado a

mí, o ella interrogarme por amor, o algo parecido".
Y en el recuerdo está la atmósfera alrededor, "una
tarde en que Mompox parecía un hervidero de
gente, por la feria, con un sol canicular de verano
radiante".

Y hay que verlo retomar el camino, por El Banco,
Chiriguaná, Tamalameque, llegar hasta Ocaña, con
la tropa frenética por los triunfos, y ya bien provistos
todos de "armas, pertrechos, munición y comida",
remontar la cordillera hacia los páramos, cruzar en
guerra por las viejas tierras de Ursúa, por los páramos de Pamplona y por los bosques radiantes de
Chinácota y de Bochalema, donde siglos atrás una
flecha perforó la garganta del aventurero alemán
Ambrosio Alfínger.

Esta no es una campaña cualquiera, no es simplemente la primera gran campaña, es la aplicada escuela de la guerra, donde Bolívar va a descubrir buena parte de sus talentos, a inventar buena parte de sus recursos. Por este camino aparecieron las buenas consecuencias de la original educación de Simón Rodríguez, el arte de la privación, de la austeridad, del estoicismo. La familiaridad con la naturaleza, la destreza para atravesar los ríos, la resistencia para remontar las sierras.

Tiene que reportarse con el coronel Castillo, pero toma tantas iniciativas en tan poco tiempo que uno siente que unas alas se están desplegando, que una fuerza escondida se libera. Donde Castillo vacila, por temor al soroche de las alturas, donde Castillo se acastilla, Bolívar salta y vuela. Atacar… hacerlo con sorpresa… casi un suicidio, dice. Aprendió muchas cosas que después pondrían su nombre en la historia: incluso a hacer lo que no se debe, lo que no se puede. A descifrar con ojos de águila las debilidades del enemigo, a combatir con fuerza, y como él mismo dijo: "Sin cansancio, sin piedad, que no la han tenido con nosotros".

Nada faltó en esa campaña inicial: "La marcha –dice– fue una gimnasia incesante donde trabajaron más los brazos y las manos que los pies o las piernas. Con el riesgo de la picadura de las tarántulas, cuya mordedura puede matar a un caballo, nubes de mosquitos, serpientes venenosas. En las noches, los vampiros enormes de la manigua, en contraposición a los murciélagos de la costa. Innumerables y feroces insectos atraídos por las fogatas, encendidas para ahuyentar a los jaguares y las panteras". Mucho ha cambiado nuestro mundo desde entonces: pero hace dos siglos la naturaleza era la misma que cruzaron los conquistadores españoles hace cinco. Y estos fueron los caminos donde detrás de la caravana maligna de Alfínger, que decapitaba a los indios enfermos para no tener que abrir los collares enca- denados, corría la plaga de los tigres cebados por los cadáveres.

Verlo llegar a Cúcuta y detenerse sólo un instan- te en el umbral de Venezuela, apenas para enviar mensajes a sus jefes pidiéndoles que le permitan aprovechar aquellas tropas que él mismo se ha in- ventado en una campaña atrevida, y correr a rescatar a su patria venezolana de la tiranía de Monteverde. Debía arder en sus venas el deseo de hacerle sentir al jefe español que al otorgarle aquel pasaporte no había permitido la fuga de un hombre sino el renacimiento de una revolución.

Ese pasaporte que después sería calumniado por Hippesley y difamado por Marx, ese pasaporte sospechoso de culpas y ganado por Bolívar sólo por el privilegio de ser un criollo rico, tenía que ser justificado ante la historia, redimido de toda sombra, lavado de toda sospecha de infamia, y cuando los jefes de Cartagena, después de mil titubeos y debates, le dieron la autorización para avanzar hacia las provincias vecinas del este, Bolívar les escribió exultante: "Espero su próxima respuesta en Trujillo". Ya estaba decidido a avanzar hacia Caracas: él mismo no se lo podía impedir.

Lo llamaba menos la gloria que el orgullo. Lo llamaban con la misma fuerza la fidelidad al suelo natal y la necesidad de vengar la pérdida del fuerte de Puerto Cabello, que todavía lo atormentaba en sueños, borrar de su alma los días siniestros de La Guaira, el naufragio oprobioso de la Primera República.

Fueron nueve meses desde el comienzo de la campaña, fueron mil doscientos kilómetros por regiones montañosas, boscosas, sin caminos, seis batallas libradas, seis batallas ganadas. Bolívar no avanzaba sólo como guerrero derrotando a los españoles a su paso, sino como político conquistando los corazones de su gente, como tribuno difundiendo proclamas, como administrador organizando el territorio.

Casi nos parece increíble que aquel hombre que entraba en Caracas bajo lluvias de flores, entre el aplauso rendido de la multitud, fuera el mismo que un año atrás había salido al exilio, deshecho espiritualmente, arruinado y sin rumbo. Bolívar ya es Bolívar, pero aunque lo vemos en la plenitud de sus fuerzas, y triunfante, todavía será largo el camino hacia su estatua.

En sus primeros veinte años la política y la guerra poco existieron, salvo como párrafos de sus libros o fragmentos de su conversación. Y a partir del momento en que Napoleón se erigió como su ejemplo para tantas cosas, durante otros ocho años hubo en la vida de Bolívar más viajes, debates y conspiraciones que hechos guerreros.

Había comenzado su carrera política más como diplomático que como soldado, y cuando la guerra le señaló por fin un lugar, el joven se indignó con Miranda por haberlo nombrado comandante del fuerte de Puerto Cabello, porque sintió que el jefe arrogante lo estaba apartando del único sitio donde quería estar: el frente de batalla.

Fue especialmente doloroso que su primera gran responsabilidad hubiera terminado en catástrofe. Y si es verdad, como quiere Borges, que el antiguo alimento de los héroes es la humillación, el peligro y la derrota, Bolívar empezó bien su carrera: apenas iniciada la guerra, ya había padecido la humillación, afrontado el peligro, remordido la derrota.

Ese avance victorioso desde Mompox hasta el corazón de Venezuela, que la historia llamó la Campaña Admirable, fue su breve compensación por aquel frustrante comienzo. Marx le reprocharía no haber atacado a Puerto Cabello, fortín del enemigo, y haber preferido avanzar hacia Caracas en busca de las mieles del triunfo, ir a inclinar su frente ante las guirnaldas que le ofrecían unas doncellas vestidas de blanco, pero Masur sobriamente lo absuelve: nada más humano, después de tal adversidad y de tan meritoria campaña, que ir a beber un poco de gloria. Además, no se dirigía a cualquier ciudad a buscarla: era su propia tierra natal.

Ha tenido una suerte loca, aunque en hombres como Bolívar es difícil diferenciar lo que se debe a la suerte, lo que se debe al talento, lo que se debe a las leyes de la historia. En esta campaña lo han favorecido primero su posición social, después su elocuencia, luego su audacia. La Segunda República, la aventura del año 13, no nace sin embargo con los mejores auspicios. Más difícil que ganar a Caracas será conservarla, y el hecho de que Bolívar se haya abierto un camino por entre campos hostiles no significa que haya dejado a su país libre de enemigos.

Entonces y ahora hay quien dice que aquellas batallas no fueron más que escaramuzas. Que no se pueden comparar las guerras de la independencia suramericana con los descomunales combates de las guerras napoleónicas. Bonaparte mandaba ejércitos de 250.000 hombres: en estas batallas nunca hubo más de diez mil en cada bando, y a menudo eran sólo mil quinientos o dos mil. Pero cuando pensamos en la magnitud de las cosas que se lograron con ellas, su importancia aumenta considerablemente, y aumenta más cuando pensamos en el mundo donde esas guerras se libraban.

Bien dice Masur que lo más importante de esas batallas es el teatro mismo en que se cumplen: que Europa es un ameno campo de amapolas al lado de las penalidades que supone el paisaje americano, que además todo el escenario europeo era conocido y estaba codificado por los generales desde la antigüedad más remota, en tanto que en esta América todo estaba por conocer y por descubrir. Lo que en otro tiempo llamaban el arte de la guerra estaba plenamente inventado en Europa: en América había que inventarlo. Lo mismo se puede decir del arte de tender puentes, de abrir caminos, de fundar poblaciones; por eso ese resplandor de epopeya que tienen aquí las gestas de colonización, la apertura de caminos, la fundación de aldeas en los precipicios, la sencilla clasificación de la naturaleza. Cuánto más no la tendrán estas abnegadas batallas, que no tratan sólo de liberar un mundo sino de inventarlo, que no tratan sólo de movilizar ejércitos sino de hacerlos surgir al ritmo de los desafíos.

Hasta la vieja hacienda de San Mateo, donde había transcurrido su infancia, Bolívar tuvo que redescubrirla como escenario de guerra. Allí fue donde el joven granadino Antonio Ricaurte, a quien vimos desertar por amor fraterno en Ventaquemada, quien sufrió después el desprecio de las tropas y se benefició de la indulgencia de Nariño, y a quien Bolívar en un gesto de nobleza rescató de su destierro voluntario en las haciendas de Anolaima para darle un lugar en el Ejército Libertador, ese muchacho agobiado por la culpa, por el peso de un momento de debilidad, vio de pronto la ocasión de redimirse haciendo estragos en el enemigo, y se inmoló disparando contra el polvorín que lo rodeaba.

Todo el aprendizaje fue duro y cruel. Los realistas, viendo que América se desvanecía entre sus manos, recurrieron a los métodos más escabrosos y no se detenían ante ningún crimen. Bolívar, aleccionado por su primer fracaso, les respondió con la misma tiniebla. "Esos serviles, que se llaman a sí mismos nuestros enemigos, han violado la ley internacional. Pero estas víctimas serán vengadas y estos serviles exterminados. Nuestra venganza igualará a las crueldades de los españoles, pues nuestra clemencia está agotada. Ya que nuestros opresores nos fuerzan a esta guerra mortal, ellos desaparecerán de la faz de América. Y nuestro suelo será limpiado de estos monstruos que lo mancillan. Nuestro odio no conoce barreras, y esta es una guerra a muerte".

Ese fue el nombre que recibió aquel horror. Con la fortaleza perdida de Puerto Cabello suspendida sobre él como remordimiento y amenaza, siempre a punto de ser otra vez la causa de su derrota, Bolívar iba y venía con sus tropas en un vaivén de hazañas y de horrores que llenó todo el año 14 y en el que abundaron los pillajes y los saqueos, masacres y crímenes, jornadas de una crueldad bíblica, ofensas que se pagaban con agravios, tormentos que se pagaban con infamias, un certamen maligno en el que se destacaron hombres como el español Campo Elías, pasado al bando de los republicanos, quien llegó a odiar tanto a sus propios coterráneos que dijo que después de matarlos a todos se mataría a sí mismo para que no quedara vivo ni un solo español. O como Cervériz, el realista que pagaba un peso por cada oreja de enemigo, o como Zuazola, mutilador de prisioneros, o como el propio y horrendo Boves, el gran enemigo de los patriotas, quien desencadenó a los mulatos e indios llaneros contra los blancos y era capaz de cenar cordialmente con un hombre a quien ya había decidido que haría decapitar después de la cena.

Bolívar, en aquellos días siniestros, respondió al horror con horror, autorizó campañas salvajes porque le pareció que era la única manera de quitarles a los enemigos el primado de la intimidación, y fue entonces cuando decidió cosas tan difíciles de perdonar como el fusilamiento de ochocientos prisioneros españoles.

Monteverde se había negado a aceptar el canje de prisioneros que Bolívar le exigía, las tropas enemigas cargaban contra el ejército patriota, Bolívar sabía bien que contra él y sus hombres no habría misericordia, y sabía también que esos ochocientos españoles colaborando con el ejército realista reducirían a escombros en pocos días a su ejército revolucionario. Esas consideraciones dictadas por el carácter infernal de la guerra no lo eximen del juicio riguroso de la historia, ni lo protegen de nuestra reprobación; pero mucho antes de que nosotros pudiéramos opinar sobre su crueldad y su infierno, ya la realidad les había cobrado a Bolívar y a sus hombres los duros hechos a que los arrastró la inercia del conflicto.

La violencia atrae la violencia, y si la violencia de los realistas atrajo la violenta "guerra a muerte" de los patriotas, la violencia de éstos a su vez atrajo la crueldad de Boves a la cabeza de un inesperado ejército de llaneros, los gauchos del norte, los hijos de la ciénaga, los tigres de los morichales, hombres de las batallas silenciosas, de esas cargas en las que no suena un solo tiro, sino el viento punzante de las lanzas mortales.

Para que Bolívar llegara a comandar a esa fuerza de la naturaleza que eran los jinetes del llano, para que pudiera derrotar con ellos a los españoles desde el Pantano de Vargas hasta Junín, primero tuvo que conocerlos del modo más minucioso: siendo derrotado por ellos. Esta fue una constante de su vida, ser derrotado primero por las fuerzas a las que al final aprendería a dirigir o a vencer. Y cuanto más formidables se alzaron los obstáculos, más notable fue al final su triunfo sobre ellos.

Pero de todas las derrotas que fueron su aprendizaje, tal vez la más triste, y sin duda la más cruenta, fue la caída de la Segunda República ante el avance de los llaneros dirigidos por Boves, aquel hombre resentido y cruel. Cuando Bolívar, después de un año de atacar y resistir, de combatir en La Puerta, en Aragua y en Carabobo, de liberar y de perder los territorios vecinos, tuvo que abandonar Caracas y retroceder hacia el oriente al frente de una caravana de veinte mil personas, muchas de ellas mujeres, ancianos y niños, huyendo de la venganza de los realistas, pudo ver la cara más atroz de la guerra.

El infierno tan temido llegaba al fin, la breve primavera de la independencia, proclamada sin sangre en las jornadas de abril de 1810, rubricada sin sangre un año después, perdida en La Guaira y renacida como un milagro en la Campaña Admirable, ahora se hundía bajo las armas de los españoles.

Tras cuatro años de libertad y de resistencia, Venezuela cayó. A lo lejos Fernando VII había recuperado la libertad y la corona, Napoleón era expulsado de la península ibérica, España derrotaba a los patriotas utilizando para el triunfo a los propios guerreros mestizos de los llanos, y todavía faltaba lo peor: ya zarpaban de Cádiz los barcos del ejército de la reconquista.

Corría el año de 1814 cuando Bolívar salió de Venezuela, por segunda vez derrotado, ahora bajo la carga salvaje de los llaneros de Boves. La retirada de Caracas fue un holocausto, miles de personas padecieron lo indecible y retrocedieron, dejando muertos a sus padres y a sus hijos a lo largo de un camino espantoso.

Para mayor amargura, Bolívar y Mariño, antes rivales, se embarcaron en la escuadrilla de Bianchi, tratando de recuperar veinticuatro cajones con toda la plata de las iglesias de Caracas, el tesoro del que debía renacer la lucha por la Independencia, y sus hombres creyeron que habían huido con el tesoro. Allí reviviría Bolívar los confusos episodios de dos años atrás, cuando Miranda se disponía a zarpar y sus propios hombres lo capturaron. Habrá advertido también con cuánta facilidad se pueden interpretar de un modo equívoco los movimientos en medio de las grandes derrotas.

No bastó que Bolívar y Mariño volvieran con el tesoro, rescatado en una novelesca aventura por el mar, y lo entregaran al comando revolucionario: necesitó Bolívar toda su elocuencia para no terminar fusilado o entregado como Miranda a las mazmorras de Iberia. Pero después de mil peripecias, pistola en mano, allá va Bolívar nuevamente al exilio, otra vez desterrado y solitario.

Ya en una ocasión los patriotas de la Nueva Granada lo habían recibido y ayudado. Le habían dado una tropa y un pequeño mando, y sobre todo le habían dado su admiración y su confianza, aunque tal vez a estas horas no estarían muy contentos de que tomara la iniciativa y, desobedeciendo órdenes de su superior inmediato, hubiese avanzado desde la frontera hacia Venezuela.

La autorización final de invadir el territorio de su país casi había sido forzada por sus acciones. Bolívar tenía a su favor el resultado exitoso de aquel avance, esa Campaña Admirable que fue la primera revelación definitiva de su genio militar y de su destino. Sin embargo, ello podía servir de bien poco porque ahora la Segunda República Venezolana, el fruto meritorio de esa desobediencia, era humo y ceniza bajo el vuelo de los buitres.

¿Recibirían de nuevo los granadinos al proscrito insubordinado? No había otra opción que intentarlo, y por segunda vez la Nueva Granada fue su segunda patria. Esta vez no le bastaba a Bolívar la fortaleza de Cartagena, donde, además, tenía adversarios. Necesitaba buscar el centro de los estados federados. Navegó por el Magdalena y remontó la sabana hasta Tunja, donde a Camilo Torres, presidente del parlamento, le bastó hablar con él para confirmar su sensación de que no estaba ante un rebelde cualquiera.

Allí se hizo sentir su poder: lo que después percibió Petión en Haití, lo que había advertido el canciller de Inglaterra durante su entrevista con el joven embajador venezolano en Londres, lo que experimentaría más tarde el caballero de Kingston al que Bolívar le dirigió la Carta de Jamaica, lo que sentía todo aquel que entraba en contacto con esta personalidad subyugante: la fuerza de un carácter.

No hay otra manera de entender por qué Bolívar, en todas las circunstancias, derrotado, desterrado, febril, consumido, deshecho, seguía siendo psicológicamente tan poderoso, tan convincente, hasta el punto de que sus hombres, cuando lo oían, vencido, delirar con que se iba a apoderar del continente entero, se susurraban unos a otros que el general estaba loco, pero no dejaban de seguir bajo sus órdenes y de cuidarlo como a un tesoro. Bolívar, dijo Mariño, "habría convencido a las piedras". Pero Camilo Torres no sólo percibió la fuerza de carácter del caraqueño: sintió algo más, y logró expresarlo de manera admirable.

Hay frases en la historia que tienen la virtud de resumir fenómenos vastos y complejos. Camilo Torres fue la fortaleza que protegió a Bolívar y le dio fuerza para asumir su destino. Ayudándolo a levantarse después de la caída le dio un sentimiento inapreciable de su propio valor, y comprendió antes que nadie que no estaba ante un hombre sino ante una fuerza histórica.

Hoy, viendo la magnitud de su victoria y de su leyenda, todos sentimos que Bolívar logró encarnar con asombrosa convicción el sueño de una época: fusionar el ideal de la independencia, anhelo de las colonias, con el ideal de la libertad; fundar repúblicas autónomas basadas en el nuevo orden político nacido de la Ilustración. Pero infunde respeto que el presidente del Congreso de la Nueva Granada haya advertido todo eso en el acto, que haya visto desde el comienzo en Bolívar lo que después revelaría la historia: que estaba poseído por una fuerza irresistible, que había en él una decisión que nada podía detener. Al trazar para la historia la parábola de aquel meteoro, Torres hizo evidente su propia perspicacia: nos muestra a Bolívar como el hombre que encarna al destino pero a la vez se pinta como testigo lúcido y visionario. "Allí donde está Bolívar —dijo— está la República".

Una vez más, Bolívar recibió una tropa y recomenzó su campaña. Ahora las circunstancias eran más graves: libre Fernando VII, un ejército de reconquista surcaba el océano decidido a aplastar todos los focos de rebelión y resistencia que ardían como hogueras en las viejas colonias, y eso es algo que Bolívar ya presentía. Cuarenta buques mercantes, escoltados por dieciocho barcos de guerra, traían por el Atlántico seis regimientos de infantería y dos de caballería, y al mando de la armada de doce mil hombres venía Pablo Morillo, el general que había derrotado a los ejércitos de Napoleón, expulsado a los invasores, conquistado la independencia española y devuelto la corona a su rey. La amenaza era inmensa.

Nariño estaba preso en una celda en Cádiz, las provincias seguían enfrentadas y ya se agigantaba la sombra del dragón en el horizonte. Aquí volvemos a encontrar el calidoscopio de las discordias colombianas: ahora era Tunja la que llamaba a la unión y Santafé la que se oponía a toda alianza. En esta ocasión, Bolívar consiguió sujetar a Bogotá, que al comienzo veía en él lo que le habían predicado: un guerrillero sanguinario, un rebelde anticlerical, un verdugo de prisioneros.

El éxito abrió puertas y levantó excomuniones: la ciudad se dejó seducir por el nuevo jefe de las tropas. Así entró Bolívar en una de las ciudades que más permanecerían unidas a su memoria, y el discurso de la unión de todos los americanos contra España pareció caer en suelo fecundo en la inmensa sabana verde, a 2600 metros de altura, que había deslumbrado a Humboldt por su belleza y por su brillo intelectual.

Ya no estaba allí José Celestino Mutis, quien durante décadas clasificó la flora tropical mientras se cruzaba cartas con Linneo, y dirigió el equipo de pintores magníficos que hicieron florecer las láminas de la Expedición Botánica, la aventura a la vez científica y estética que despertó a la América equinoccial a la Ilustración y a la insurrección. Pero allí estaban los señores que habían salido en cabalgata a recibir a Humboldt y a Bonpland doce años atrás, y la heroica generación de eruditos investigadores y de patriotas que un año después Morillo convertiría en alimento de los gallinazos.

Era cada vez más urgente la necesidad de unir al territorio, y Bolívar intentó servir de instrumento de alianza entre esas comunidades. Les recordó que la unión era el único talismán, pero no le fue posible convencerlas, y no es extraño que tiempo después terminara diciendo, desde la amargura de sus desengaños finales, que "cada colombiano es un país enemigo". Quiso unir las provincias bajo una sola bandera; desplazó tropas hacia el sur, donde había fracasado Nariño; envió hacia la frontera con Venezuela a Urdaneta, que sería con los años uno de sus más fieles generales, y él volvió mientras tanto las riendas hacia el norte, pensando en sellar la alianza con la región costera.

Así regresó a Mompox, donde primero había brillado su estrella, y empezó a enviar mensajes a Cartagena, convertida de pronto en la rueda atascada de aquella campaña. Entonces dos enemigos peores se alzaron contra su ejército: la viruela y la fiebre. El desacuerdo de las provincias hermanas persistió, mientras ya casi se oía, a lo lejos, el viento en las velas de la escuadra imperial.

Bolívar sabía que el aislamiento de los cartageneros no les permitiría resistir a la reconquista. Los exhortó una vez más a sellar la unión con el resto de las provincias, a formar un solo ejército para enfrentar el desembarco de la armada real, y la negativa, alentada por la animadversión del rencoroso coronel Manuel del Castillo, le pareció tan estúpida, que Bolívar casi cayó en la tentación de poner sitio a Cartagena, para obligar a los propios patriotas a pactar la alianza con el resto de las provincias. La idea era desesperada, como las circunstancias, pero no podía tener éxito, y Bolívar la dejó morir entre sus manos. No había remedio: la Nueva Granada caería otra vez en manos de la corona española.

Se sentía como el huésped que advierte el peligro y está más interesado en salvar la casa que los propios dueños. Aquellos a los que quería salvar lo trataban como un intruso. Entonces decidió entregar sus tropas y partir al exilio, más vencido que nunca. Pronto comprenderían que hasta en su intento de poner sitio a Cartagena había tenido razón, que hasta luchando contra ellos había estado a punto de salvarlos.

El 11 de mayo de 1814 se embarcó por el Caribe, sin saber que ese mismo día la armada de Morillo estaba entrando en Caracas. Él iba despojado y pensativo por las islas mientras su patria iba cayendo en poder del enemigo. Así se cumplieron sus presentimientos, y así comenzó su aventura en Jamaica.

El viajero que desembarcó en Jamaica en 1815, llevando unos baúles con papeles y libros, sus ropas y unas cuantas hamacas, iba acompañado por sus edecanes Páez y Chipia, y dos esclavos, Andrés y Pío, a quien por cariño llamaba Piíto. Las hamacas y los esclavos serían elementos centrales de un episodio increíble, que convenció al propio Bolívar de que tenía una estrella propicia en el cielo. Se lo contó también a Perú de Lacroix en las jornadas tensas de Bucaramanga, casi al final de su vida, mientras esperaban los resultados de la Convención de Ocaña, cuando todo había caído ya en manos de los enemigos, y se temía que hombres de Santander atentaran contra él. Quizá para tranquilizar a los soldados que lo custodiaban de un modo a la vez discreto y angustiado, dijo que nada nos protege tanto como la suerte, y les contó con detalles el episodio de Jamaica.

Pobre y proscrito, se había hospedado con sus acompañantes en una posada de Kingston, donde tenía instalada su hamaca, pero molesto con la conducta de la dueña, y sin contárselo a nadie más, salió con su esclavo Andrés a buscar mejor hospedaje. Cuando lo encontró, envió al esclavo por su hamaca libre, su espada y sus pistolas. Contó que había decidido pasar la noche allí, después de cenar con un negociante que lo había invitado al campo, pero otros dicen que entonces se soltó sobre la ciudad uno de esos bíblicos aguaceros caribeños que borran el mundo, y que Bolívar decidió resguardarse en la casa vacía hasta que escampara, mientras Andrés permanecía en el hospedaje inicial, donde su amo tenía una cita importante con un antiguo proveedor del ejército patriota, el señor Amestoy, que debía partir a una comisión a Los Cayos al día siguiente.

Ya está Bolívar solo en su habitación nueva y desmantelada, con tan sólo su hamaca y sus armas. Mientras tanto, en la posada, el proveedor espera. Cae la noche, las horas pasan y el general no llega. El señor Amestoy, rendido por el sueño, se reclina en la hamaca de Bolívar, que parece ahora, vista por nosotros desde tanta distancia, el único objeto que adorna aquella habitación. Entonces una sombra entra en el cuarto en sombras, avanza con sigilo hasta la hamaca, y sin darle al durmiente tiempo de reaccionar, creyendo que se trata de Bolívar, apuñala al pobre proveedor que lo esperaba.

El esclavo Andrés despierta con la agitación, se acerca, ve a Amestoy ya muerto o todavía moribundo. Y sólo piensa que el asesino va a ir a matar también a su amo. Corre hasta la nueva casa y le cuenta a Bolívar la tragedia que acaba de ocurrir, la muerte de la que acaba de salvarse. Y hasta la casa llega de pronto Pío, el otro esclavo, que venía siguiendo al primero. Es un muchacho de sólo diecinueve años. Bolívar, que lo nota alterado y nervioso, lo interroga: finalmente el esclavo se derrumba y confiesa que él ha sido el asesino. Un español lo había seducido para que matara a su amo.

Muy duro fue para Bolívar aceptar que un muchacho que había estado a su lado por años, que por años había cuidado su casa y velado su sueño, no sólo se hubiera convertido de repente en un asesino, sino que estuviera dispuesto a matar a su propio señor. Más asombroso es que lo hiciera justo la noche en que no era Bolívar quien dormía en la hamaca. Una suerte mejor es imposible, y este episodio, unido a otros, fortaleció en el general ese curioso síndrome de invulnerabilidad que también padecieron César y Napoleón. César sintió que si él iba en ella, la barca no podía zozobrar. Napoleón pensaba que si era él quien besaba aquellas manos de apestados y de leprosos, era imposible que lo alcanzara el contagio.

Otros han sugerido (García Márquez entre ellos) que en aquella ocasión la suerte de Bolívar tenía nombre, que su cita en el campo no fue con un negociante inglés sino con la esposa de éste, Miranda Lindsay; que la tormenta tropical eran más bien los reclamos de un encuentro casi amoroso. Pero es que no hay hecho secreto o furtivo de Bolívar al que no se le pueda atribuir una causa galante, desde su ruptura con los bonapartistas en el París de 1804 hasta su oreja rota en una mañana de Lima; desde su visita a las antecámaras de la reina María Luisa hasta la catastrófica pérdida de todos los pertrechos que le había ofrecido Petión, que quedaron dispersos por la playa de Ocumare en el año mortal de 1816 y que el enemigo recogió porque Bolívar había llegado tarde al combate; desde la captura de un barco en alta mar en un típico episodio de corsarios, para que pudiera ponerse a salvo de la guerra la bella Josefina Machado, hasta la bofetada que recibió Bolívar de manos de una jovencita en alguna fiesta del Cauca; desde sus desvelos misteriosos después de entrar en Bogotá en agosto de 1819, tras haber sido coronado por Bernardina Ibáñez, doncella de quince años, y el largo amor platónico que lo obsesionó por ella desde entonces y lo hizo escribir cartas febriles, hasta las noches secretas del palacio de gobierno cuando otros dicen que logró consumar esa pasión romántica; desde las supersticiones de la tropa que consideraban parte de los secretos de la guerra la plenitud sexual de su jefe, hasta los versos franceses y latinos que iban y venían en la fiesta interminable de Quito, en 1822, cuando, después del cortejo triunfal bajo lluvias de flores, Bolívar bailó toda la noche con la mujer que en la tarde le había arrojado una corona desde el balcón y le había dado con ella en pleno pecho. Sabemos que aquella noche le dijo a Manuela, su nueva y fascinante compañera de danza: "Si mis soldados tuvieran su puntería, ya habríamos derrotado a los españoles".

Pero a partir de aquel encuentro, en los últimos ocho años de su vida, y por primera vez desde la muerte de su esposa en la borrosa adolescencia, Bolívar tuvo dueña, y una dueña que defendía con uñas sus derechos. José Palacios, el fiel servidor a quien es tan difícil encontrar en la historia por su discreción y su invisible eficacia, halló un día al general sangrando, con una oreja rota y rasguños en la cara y los brazos. Lo primero que pensó fue que se trataba de un nuevo atentado, pero Bolívar le contó la verdad: Manuela había encontrado en su propia cama un pendiente que no era suyo. "A batallas de amor, campo de plumas".

Toda isla, se sabe, es la cumbre de una montaña. Fue en Jamaica, proscrito, y así vigilado por el amor y por la muerte, donde Bolívar tuvo por fin la gran visión del continente como un todo y de la lucha que debía librar para obtener su libertad. "El destino de América se ha fijado irrevocablemente: el lazo que la unía a España está cortado".

En la cima del aislamiento, arrojó una mirada sobre la enormidad de su mundo, y procuró ver lejos en el espacio y en el tiempo. Meditó en las fronteras naturales, en la identidad de las colonias, en la diferencia de fisonomías nacionales que ya habían trazado la geografía y la política. La Carta de Jamaica fue el fruto de esa meditación, uno de los documentos fundadores de la América Latina. Desde el examen del choque de los mundos que se dio en la Conquista, recorre las regiones, examina su carácter, sus diferencias. Advierte cómo los siglos y las políticas, la geografía y las costumbres, han formado comunidades humanas distintas, verdaderas naciones.

"Yo deseo más que otro alguno ver formar en América la más grande nación del mundo, menos por su extensión y riquezas que por su libertad y gloria. Aunque aspiro a la perfección del gobierno de mi patria, no puedo persuadirme que el Nuevo Mundo sea por el momento regido por una gran república; como es imposible, no me atrevo a desearlo; y menos deseo aún una monarquía universal de América, porque este proyecto, sin ser útil, es también imposible. Los abusos que actualmente existen no se reformarían, y nuestra regeneración sería infructuosa.

"Es una idea grandiosa pretender formar de todo el mundo nuevo una sola nación con un solo vínculo que ligue sus partes entre sí y con el todo. Ya que tiene un origen, una lengua, unas costumbres y una religión debería, por consiguiente, tener un solo gobierno que confederase los diferentes estados que hayan de formarse; mas no es posible porque climas remotos, situaciones diversas, intereses opuestos, caracteres desemejantes dividen a la América...".

Hasta la naturaleza conspiraba para separarnos. Entre Argentina y Chile, aquella cordillera constituía una barrera natural casi ineluctable. En la Argentina misma todo parecía lejos de todo. Bolívar debió de advertir que incluso la república tardaría mucho tiempo en ocupar física y simbólicamente toda esa extensión, esa Patagonia que consumía los ojos, esa pampa infinita que alternaba mares de alfalfa con desiertos de cardos. Pensó también en ese Alto Perú que ni siquiera el Perú lograba dominar. No podía presentir que allí, donde está el mar más alto, iba a nacer un país que llevaría su nombre. Pensó en esos países que como orillas perdidas bordean al Brasil por tres costados y no lo alcanzan jamás porque se lo impide una selva tan grande que en sí sola es un mundo.

Desde el comienzo, México y el Perú, los nichos de los mayores imperios prehispánicos, habían sido los centros del poder español. Desde 1535 el virreinato de México proyectaba su influencia sobre la América Central; desde 1542, el virreinato del Perú gobernaba la cordillera de los Andes. El último en fundarse había sido, en 1776, el virreinato del Río de la Plata; y desde medio siglo antes, en 1717, existía el virreinato de la Nueva Granada, allí donde había estado el tercer gran reino indígena de América.

"Cuando los sucesos no están asegurados, cuando el Estado es débil, y cuando las empresas son remotas, todos los hombres vacilan; las opiniones se dividen, las pasiones las agitan y los enemigos las animan para triunfar por este fácil medio".

De las provincias que no sintieron el peso de esas cortes, algunas podían sentirse aún menos reconocidas por la corona, y veían circular por ellas las ideas de la época. Por sus puertos, Venezuela era la región de Suramérica más abierta a ese mar Caribe por el que circulaban, más peligrosas que escuadras de piratas, las ideas revolucionarias. Y como siempre, como desde los tiempos de la Audiencia de Santo Domingo, estaba en la zona de influjo de esa gran isla que antes se había llamado "La Española" pero que ahora bien podía llamarse "La Francesa". Terminaba en América el dominio de España y comenzaba el influjo de Francia.

"Luego que seamos fuertes, bajo los auspicios de una nación liberal que nos preste su protección, se nos verá de acuerdo cultivar las virtudes y los talentos que conducen a la gloria. Entonces seguiremos la marcha majestuosa hacia las grandes prosperidades a que está destinada la América meridional. Entonces las ciencias y las artes que nacieron en el Oriente y han ilustrado a Europa, volarán a Colombia libre que las convidará con un asilo".

Tal vez más notable que la independencia de los Estados Unidos había sido la independencia de Haití, donde los gritos de *Liberté, Égalité* y *Fraternité*, resonaron aún más desafiantes que en París o en Marsella. Si en Francia las ideas liberales eran una hoguera, en Haití no podían dejar de ser un volcán. Un pueblo de esclavos iluminado de pronto por el amanecer de la libertad tomó posesión de su destino con más audacia que fuerza, y protagonizó una de esas revoluciones caribeñas que logran siempre más por su proyección sobre el mundo que por sus propias conquistas.

¡Qué mundo era el Caribe! Es verdad que el Atlántico prácticamente no existió para los humanos hasta hace cinco siglos, pero a partir del momento en que las ideas del Renacimiento, las naves del mercado mundial y los delirios de la España de los Austria cruzaron el abismo, la crónica del Mediterráneo palideció al lado de la historia del Caribe.

Por ningún mar pasaron tantas razas, tantos mitos, tantos dioses, tantas riquezas y tantas locuras como por ese cántaro lleno de tierras mágicas donde iban las naves de España con Cristo sangrando en la proa, los encapuchados oficiales de la Inquisición trayendo al diablo en sus garfios virtuosos, moros que renunciaron a las arenas de África, humanistas como Oviedo que conocían a Leonardo y a Bembo, a Ariosto y a Rafael, a Andrea Mantegna y a Giorgio Barbarelli, que pintaba la música.

Venían barcos pesados de arados y paños y muebles, y volvían aún más pesados de lingotes de oro, de custodias de esmeraldas, de cargamentos de caoba y de perlas. Venían trayendo encadenados a los pueblos del futuro y volvían curando con humaredas de palosanto sus bodegas pestilentes. Aventureros, traficantes, cartógrafos, místicos, cronistas, genocidas, energúmenos, bellos monstruos y santos horrendos se sucedían en esa pleamar de aventuras, y detrás venían los barcos negreros, y detrás las caravanas de galeones, y detrás las escuadras de corsarios barriendo el mar con sus catalejos desde la aguja espumante de sus fragatas de ochenta cañones.

También el nombre de Bolívar quedó escrito en el agua. Había prometido ayudar a Cartagena y seguía dispuesto a hacerlo. Al embarcarse hacia Jamaica, había advertido a sus amigos del peligro inminente. Poco después de escapar en Kingston de la muerte, iba decidido a enfrentar desde las murallas el peligro de la reconquista. Pero, ya rumbo a Cartagena, una goleta que cruzaron les entregó la noticia de que la ciudad amurallada, vencida por el sitio y las plagas, había caído en manos de la escuadra real. Morillo, que pasó por las armas a los habitantes de Bocachica, estaba ejecutando a toda una generación de patriotas. Hasta el hostil comandante Castillo, que se había opuesto a Bolívar con todas sus fuerzas, había sido ahorcado de un viejo farol colonial. Comprendería en el último instante que sus celos contra Bolívar habían sido algo peor que un suicidio: el sacrificio de su patria entera. En alta mar, y ante esa noticia, Bolívar tuvo que torcer su rumbo. Entonces la vieja estrella lo condujo hacia el este, a la isla donde las ideas liberales habían despertado a una raza.

Sólo ese país de esclavos rebeldes, Haití, estaba en condiciones de ayudarle a recomenzar su lucha. Bolívar sabía de la existencia de guerrillas en toda Suramérica, y que era posible unificarlas y dirigirlas contra el enemigo común, porque en todo el continente estaba España. Pero ahora una España más temible, con hambre de su medio mundo perdido, pesada de fusiles y de cañones, avanzaba decidida a retomar las provincias que se habían atrevido a declarar su independencia.

Cuesta comprender la ferocidad con que trataron a los patriotas americanos, si se piensa que esos mismos soldados españoles acababan de librar una guerra abnegada defendiendo su patria contra los invasores franceses. La locura de los ídolos gentilicios no tiene límites.

La mitad de la isla de Santo Domingo, a la que Colón había llamado La Española, fue por siglos refugio de contrabandistas y aventureros. Al cabo de las tormentas de todo ello surgió una colonia francesa, y a fines del siglo XVIII doscientos mil esclavos se encorvaban bajo la férula de doce mil señores y capataces. Entonces pasó el soplo de la historia trayendo los gritos de una rebelión: en la metrópoli lujosa, por fin hastiada de su aristocracia y de sus reyes, hasta los mendigos hablaban de libertad, igualdad y fraternidad. Las tres palabras fueron miel para los esclavos postrados en campos de algodón y de caña, bajo la tiranía, casi más brava, del sol de los trópicos.

Un émulo negro de Napoleón, Toussaint L'Ouverture, dirigió la insurgencia de los esclavos, pero acabó en los calabozos de Francia. Dessaline no abandonó la lucha, y Haití se convirtió en el primer país libre de la América Latina.

Cuando Bolívar llegó, ya cumplía varios años el experimento, una de las rebeliones más significativas de la historia. El presidente Petión recibió a Bolívar y escuchó la exposición minuciosa de su proyecto hemisférico. "Bolívar sabía cómo hacer para que lo imposible pareciera posible", dice Masur, hablando de los diálogos entre aquellos dos hombres. Petión sintió como otros la inteligencia, la elocuencia, la firmeza de una decisión; vio que allí estaba una de esas fuerzas que era necesario alentar, y le ofreció barcos, armas, tropas y pertrechos. Sólo una cosa pidió a cambio: la libertad de los esclavos.

Ese momento en que dos hombres concibieron en Haití la libertad de una raza oprimida es uno de los más altos de nuestra historia. No era una conversación casual de dos amigos por las islas, era el espíritu de la Ilustración iluminando de pronto desde el Caribe a todo el hemisferio. Un sueño nuevo, que nada tenía de interesado ni de utilitario, le dio un perfil histórico a aquella entrevista. Petión ni siquiera quería aparecer como el promotor de esa idea, le bastaba que se cumpliera y la pidió con convicción. Bolívar, quien ya había liberado a sus propios esclavos, y siempre estaba seguro de su triunfo, la prometió enseguida.

¡Iba a ser muy difícil cumplir esa promesa! Para librar la guerra contra la metrópoli, los ejércitos necesitaron siempre el respaldo de los terratenientes criollos, que estaban dispuestos a todo menos a sacrificar sus propiedades, y los esclavos eran la más productiva de esas propiedades.

Cuando, mucho después, los estados decretaron la abolición de la esclavitud, ¿no utilizaron los esclavistas el discurso de los derechos humanos para oponerse a aquellos decretos? Predicar la libertad de los esclavos era una profanación del sagrado derecho de propiedad.

Bolívar no logró llegar más allá de la decisión de liberar a sus propios esclavos: su simpatía personal estaba con ellos, ya que en cierto modo era hijo de esclavos, pues con ellos había bebido en su infancia eso que Shakespeare llamó "la leche de la ternura humana".

Pero no sólo había en él confianza y ternura: el recuerdo de Pío, el esclavo que después de acompañarlo por años había intentado matarlo, le hizo sentir que las víctimas de la esclavitud no necesitaban caridad sino un lugar digno en el orden social. Su libertad, como la de los otros, debía ganarse en la lucha.

Y ya sabemos que los decretos de abolición de la esclavitud no bastaron para corregir el mal sembrado por siglos. A pesar de que tantos esclavos participaron en la guerra por la independencia y dieron su vida por ella, parte considerable de esa deuda no se ha pagado todavía.

¿Quiénes son esos hombres que pasan con Bolívar por las playas de Haití, hablando de un nuevo desembarco en la costa venezolana? A los puertos occidentales de la Española llegan todos los días exiliados de Suramérica. Y es conmovedor recordar aquel tiempo en que Haití, la república de los esclavos libres, era el norte de todos los luchadores de la libertad, el único puerto acogedor en un océano hostil vigilado por el despotismo.

Nos gustaría ver esos rostros que el tiempo no ha borrado, pronunciar esos nombres que de tantas maneras distintas son recordados por la historia. Bajo la tutela de Petión, este grupo de conspiradores tiene para sus patrias y para sus destinos personales cada uno un propósito. El muchacho de veintisiete años es Santiago Mariño. A los veinticuatro vivió el desastre de la Primera República, a los veinticinco comandó una expedición por el oriente venezolano y liberó a Cumaná y a Barcelona, a los veintiséis logró derrotar al cruel Boves en Bocachica, luchó junto a Bolívar en la primera batalla de Carabobo, después de la derrota también fue a Cartagena y a Jamaica; ahora está ansioso por zarpar de Los Cayos a enfrentar a Morillo, a rescatar de nuevo a Venezuela.

El que viene a su lado es José Francisco Bermúdez. Tiene treinta y tres años y también ha participado en todas las jornadas de la libertad. Ni Mariño ni él difieren todavía mucho de Bolívar: en los años que vienen se los verá alternativamente luchando a su lado o enemistados con él. En Güiria, incluso, dentro de unos meses, veremos a Bermúdez enfrentado a Bolívar, quien se abre camino espada en mano por una playa, tratando de embarcarse hacia las islas. En el calidoscopio de esta guerra un día son aliados, otro son adversarios, después vuelven a unirlos la comprensión de sus errores, el descubrimiento de otras evidencias, la luz que los triunfos arrojan sobre las conductas previas, el modo como una mano solidaria, un esfuerzo generoso, muestran de pronto al que dudaba de ellos la sinceridad o el valor verdadero de un hombre. Unos de ellos morirán en su lecho, otros en el exilio, otros más asesinados por una bala que viene del pasado, cuando ya parecían terminadas las guerras.

Ese que pasa hablando con Bolívar es José Leandro Palacios. El año en que Bolívar muera en Santa Marta, este hombre estará en París viendo las barricadas de otra revolución, como embajador ante Francia de una nación que se disgrega: la Gran Colombia. Y este otro es Francisco Antonio Zea: nacido en Medellín, compañero de Mutis en la Expedición Botánica de la Nueva Granada, ha sido más tarde director del Real Jardín Botánico de Madrid, ha aceptado el dudoso honor de ser el segundo en el Ministerio del Interior de España bajo el reinado fugaz de José Bonaparte, y ahora viene invitado por Petión para integrarse al departamento de Agricultura. Después será ministro plenipotenciario de la Gran Colombia en Londres y en París, negociará los primeros empréstitos para la nueva república, perderá la amistad de Bolívar, tramitará otro empréstito por cinco millones de libras esterlinas, pero no le será dado terminar ese trámite: dentro de siete años morirá en Bath, a donde habrá ido a buscar la salud en las aguas termales que hace ya tantos siglos canalizaron los hombres de César.

Y aquí está el almirante Luis Brion, de Curazao, el aliado y el jefe de suministros de Bolívar, unas veces empresario y otras veces pirata, jugador y aventurero, hombre apasionado y pródigo, cultivado y amigo de la libertad. Para recordarlo, hay dos frases que Bolívar ha dicho sobre él; la primera de agradecimiento: "El almirante Brion tiene un altar de gratitud en todos los corazones colombianos"; la segunda de admiración: "Es el más libre de los hombres".

Viene a su lado el escocés McGregor, otro aventurero ambicioso, que se hará llamar un día "Brigadier general de las Provincias Unidas de la Nueva Granada y Venezuela, y General en jefe de los ejércitos de las dos Floridas". Y allí está el combatiente francés Luis Michel Aury, hombre valiente, quien acaba de rescatar en sus barcos a numerosos cartageneros, rompiendo el cerco de la ciudad sitiada. Luchará más tarde por la libertad de México y de Centroamérica; participará con los venezolanos en una aventura digna de memoria: la creación de la efímera república de la Florida, la república que duró sesenta días. Enemistado con Bolívar, se retirará finalmente a la Vieja Providencia, la isla de los caballos y de las manzanitas amargas, a la que convertirá en una fortaleza inexpugnable, y donde pondrá fin a tantas aventuras cayendo por accidente de un caballo en 1821. Todavía más atrás viene Robert Shouterland, el buen comerciante inglés que ayudará a Petión a hacer los pagos para estos luchadores de la libertad. Y entre estos hombres que avanzan por la playa figura uno de aquellos que más calumniarán después a Bolívar: uno que dedicará más tarde largas vigilias a escribir un libro para difamar del Libertador, por no haberlo nombrado en un cargo que reclamaba: el francés Decoudray Holstein.

Pero la figura más trágica de todo este conjunto es la de Manuel Piar. Es uno de los hombres más influyentes de la campaña de la libertad, el más poderoso de los generales que ha nombrado Bolívar, y es por ahora su aliado irrestricto y más de una vez le prestará su apoyo decisivo en momentos de crisis. Tanto él como Bermúdez y Mariño aspiran a ser los jefes máximos de la insurrección. Pero los otros dos comprenderán a tiempo que Bolívar se ha convertido en el jefe, que las tropas lo aclaman, que los pueblos lo siguen, que su pensamiento marca los rumbos de la guerra, que nadie como él sabe ver de antemano el camino de la victoria. Piar no sabrá aceptar el poder de Bolívar. De todos estos entusiastas conspiradores a los que amparan las alas de Petión, Piar es el único que perderá la vida a manos de sus propios amigos. En un día no lejano, la mano de Bolívar firmará su sentencia de muerte, y a Piar le habrá tocado en este cuadro el duro y misterioso papel de traidor.

Por hoy, todos se preparan para invadir el continente. Bolívar ha predicado sus altos sueños ante este grupo de luchadores a quienes Masur llama "el parlamento de los desposeídos". Y por ahora todos son aliados. Ellos no saben lo que nosotros ya sabemos; oyen venir las olas, presienten los combates, sueñan con la victoria, oyen la voz enérgica y emocionada de Bolívar. No pueden imaginar que, dos siglos después, estamos tratando de verlos, andando y discutiendo, todavía amigos todos, por esa playa amiga.

Claro que hubo discusiones y desacuerdos, porque una cosa querían Bermúdez y Mariño, y otra Piar, y otra Luis Aury, pero Petión puso como única condición que Bolívar fuera el jefe de la campaña, y Brion apoyó esa exigencia.

La red de causas que condujo a Bolívar a ser el líder máximo de esta revolución es imposible de destejer, como el manto de Iris. La voz del suelo nativo, su orgullo aristocrático, la movilidad que da la riqueza, la soledad de su primera infancia, el amor de su nodriza negra, la amistad de esa joven esclava, Matea, con quien cabalgaba de niño por la hacienda, la altivez intelectual de su maestro Andrés Bello, hijo orgulloso de América, la vecindad de la corte, el haber sido testigo de la consagración napoleónica, todas esas cosas confluyeron al torrente que hizo de Bolívar el gran radical. Y ahí estaba la prédica de Simón Rodríguez y la prosa incandescente de Rousseau, que si todavía hoy incita a la subversión de las costumbres y a la reconciliación con la naturaleza, debía ser a la vez un fuego limpio y un canto de agua pura en las postrimerías del siglo XVIII, y sobre todo en esas praderas de América, que se estaban llenando de presentimientos.

La rebelión nacía en todas partes, pero no en todas con la misma radicalidad. Sin que sepamos por qué, más convencido que nadie de la necesidad de la independencia, Bolívar fue quien persistió en ella con más obstinación. Las ideas liberales apenas estaban brotando del horno de la historia y ya él había hecho de ellas para siempre su fuego, su razón de vivir y el trabajo de sus días.

Cuántas otras cosas no habrán sido madera de ese fuego: la profusión de sangres ibéricas que había en su sangre, o las vagas leyendas familiares que todo buen mestizo escucha, como la leyenda de aquella Ana María de Martínez Villegas y Ladrón de Guevara, una de sus bisabuelas, que afirmaba descender de Choraima, el cacique del Valle de Maya en la isla Margarita, o como la leyenda, más secreta aún, de su abuela Petronila de Ponte y Marín, hija de una mulata, Josefa, enterrada en cementerio de blancos, que dejó en los ríos de su estirpe suficiente sangre africana para la rebelión y para el baile.

Bolívar no sólo acuñó el sueño visionario de liberar las provincias y darles vida autónoma en repúblicas: concibió todo ello en un suelo harto indócil y en la época temprana en que apenas nacían las repúblicas europeas. Si estaba como pocos a la altura de los tiempos, de la mirada abarcadora y crítica de Voltaire, de las ideas republicanas de Montesquieu, de la radicalidad de los revolucionarios franceses, también puede decirse que su sueño iba más allá de su tiempo. Tenía el fuego del amor por la tierra de Juana de Arco o de Danton, y una temeridad digna del príncipe de Condé, pero también un designio para el que era temprano en el mundo, una idea que sólo habían concebido, para un territorio más limitado y homogéneo, las colonias de Nueva Inglaterra.

Siempre se oye pasar el fantasma de los imperios que fueron: el arquetipo, el imperio romano; el imperio legendario de Carlomagno; el imperio fantástico del rey Arturo; el imperio planetario de Carlos V. Luis XIV soñó dilatar a Francia sobre el mundo, Carlos XII intentó instaurar una magna Suecia, Pedro el Grande fundó su Rusia inabarcable, y Bonaparte concibió una Europa entera… pero todas esas tentativas nacieron bajo el signo de la monarquía. Lo que América traía de novedoso para el mundo, la promesa de grandes territorios aliados, en el norte y en el sur del continente, era algo muy distinto.

Fueron Jefferson y Bolívar quienes primero concibieron grandes federaciones democráticas, una
unión liberal de modernas repúblicas.

Una de las tareas más difíciles fue hacer coincidir el sueño de la independencia con el sueño de la libertad. Para la mayoría de los criollos, romper con el poder de la corona equivalía sólo a instaurar su propio poder feudal, con monarca propio o sin él, y pocos podían ver con buenos ojos la idea de fundar una sociedad de igualdad y de fraternidad. Casi hasta la víspera, los indios habían sido el enemigo, el contrario absoluto; los negros, el servidor irrestricto. ¿Cómo asumir de pronto, como por artes mágicas, el sueño de una inaudita arcadia igualitaria? En este punto hay que situar uno de los hechos más complejos de la aventura de Bolívar, su conflicto con Piar en Venezuela.

Piar no era negro. Durante mucho tiempo al parecer negó ser hijo de madre negra de las islas, pero a partir de cierto momento, tal vez desde cuando advirtió que Bolívar iba a convertirse en el líder máximo de la revolución, empezó a reivindicar su condición de mulato, y a hablar de un modo cada vez más hostil del liderazgo de los criollos blancos. Afirmó que la revolución debía ser una lucha de indios y de negros, no sólo contra los españoles sino contra los blancos, y muy pronto la rebelión fue dejando de ser en su discurso una lucha política contra la dominación española para convertirse en un conflicto racial.

Bolívar advirtió el peligro: Piar era un gran líder, un militar destacado, un hombre al que la revolución le debía victorias y hazañas: si su discurso se abría camino, la guerra de independencia literalmente perdería su norte. Claro que Bolívar defendía también su propio lugar en la revolución: a él, como blanco, y como miembro de la aristocracia criolla, ¿se le iba a negar el derecho a luchar, el derecho a ser americano y a combatir por su tierra?

Bolívar pensaba, además, que Piar ni siquiera era sincero. Su repentina devoción por indios y esclavos le parecía una mezcla de resentimiento y de oportunismo. Más allá de la defensa de su propio lugar en la campaña, Bolívar vio en aquella prédica racista una tendencia que podía hacer fracasar para siempre la revolución. Si los criollos blancos y los mestizos blancos no tenían un lugar en la república, si más bien eran considerados enemigos del pueblo americano, la guerra contra el poder español se iba a transformar en una guerra civil entre americanos y el poder de la corona se afianzaría por mucho tiempo.

Tolerar el discurso de Piar en las propias filas del ejército era poner en peligro la independencia, pero no se trataba sólo de un discurso. De un modo creciente, Piar empezó a entorpecer la marcha de la guerra, a desacatar las instrucciones, a desobedecer las órdenes e incluso a frustrar los movimientos coordinados de los patriotas.

Un enemigo nuevo surgía de pronto en las propias filas de la revolución. Bolívar le advirtió que no podía seguir con esa conducta. Hay una línea de mando, le dijo, y el curso de la guerra depende de que se la respete.

Podríamos objetarle que el propio Bolívar más de una vez desobedeció a sus superiores jerárquicos e incluso se envanecía de ello. Poco antes una venturosa desobediencia le había permitido entrar en Venezuela con los muchachos soldados de Mompox y de Cúcuta, avanzar desde el oeste y refundar la república. Bolívar respondería que sus insubordinaciones y sus desobediencias nunca pusieron en peligro a los patriotas y siempre sirvieron para hacer avanzar la causa de la libertad. No dejó de decirle a Piar: "Si usted fuera el jefe, yo lo seguiría. Ahora el jefe soy yo y usted tiene el deber de seguirme". Le ofreció la alternativa de retirarse del ejército si no compartía su orientación. "Pero si se retira —le dijo—, se retirará de verdad. No toleraré que siga entorpeciendo nuestras acciones y combatiéndonos". Piar, indignado, aceptó retirarse, pero siguió atentando contra el proceso.

Nadie lo acusó de haberse aliado con el enemigo, pero, emboscado en las selvas, conspiraba y obraba contra Bolívar y sus tropas, hasta que el general llegó al extremo de la impaciencia y ordenó capturarlo. Una avanzada del ejército patriota persiguió a Piar, lo acorraló en la espesura y lo capturó. Piar, que se había comportado como un necio, después de haber sido uno de los pilares del ejército, seguía confiando en que Bolívar tendría en cuenta sus méritos, y no se daba cuenta de que había cruzado una oscura puerta sin retorno.

Pero para Bolívar no era ya cuestión de paciencia: allí apareció el hombre implacable que había en ese cuerpo menudo, estoico ante las penalidades, incansable en las campañas, audaz y sagaz en medio del combate, y siempre listo para el baile de la victoria.

No fue Bolívar quien condenó a muerte a Piar: lo hizo un consejo de guerra convocado por él. Pero una vez dictada la condena, dependía de Bolívar la ejecución o el perdón. Piar, en prisión, hacía malabares con la esperanza. "Bolívar no firmará", se decía. Cuando le contaron que Bolívar había firmado, comprendió tarde la gravedad de los hechos. Dicen que los ojos se le llenaron de lágrimas. Bolívar le había hecho el honor de no aceptar que se lo degradara. "Morirá con todos sus títulos", dijo. Piar, desgarrándose de un gesto la camisa, hizo saltar los botones y cayó al suelo convulsionando. Pero después afrontó la muerte con valor, pidió a los soldados que apuntaran bien, y no cerró los ojos.

Los oficiales que le habían aconsejado a Bolívar perdonar a Piar temían una rebelión de los soldados, una división del ejército: nada de eso ocurrió. El fusilamiento de Piar le recordó a todo el mundo en las tropas que la guerra era de verdad, que la disciplina era implacable, y, al parecer, fortaleció el prestigio de Bolívar como jefe, afirmando aún más su poder. Este es uno de los episodios de la vida de Bolívar que más rechazan sus críticos y que más tienden a olvidar sus adoradores.

El espíritu humanista de nuestra época tiende a ser indulgente con el soldado que mata en combate, tolerante con los enfrentamientos donde hay una mínima igualdad entre los oponentes, pero mira con severidad todo enfrentamiento desigual, y con abierto rechazo la muerte de alguien inerme a manos de alguien armado o de toda una tropa. Contra las filigranas conceptuales del realismo político, hoy rechazamos en todo caso la pena de muerte y juzgamos cruel a quien la aplica. La idea de ejecuciones necesarias, tan común en la guerra, y cuyo caso extremo es el fusilamiento por parte de sus compañeros del soldado que se muestra cobarde, tiende a repugnar a la conciencia de quienes no estamos en combate, aunque se nos diga que somos beneficiarios de esos crímenes.

Bolívar no sólo fusiló a Piar, en un acto que acaso fue la causa eficiente de su autoridad y de su victoria;

lanzó la guerra a muerte, y otras veces ordenó cosas que nos estremecen, como la mencionada ejecución de ochocientos prisioneros que no eran culpables de otro crimen que el de ser españoles, poderosos e influyentes.

Que un ser maltratado o ignorante cometa un homicidio, o que lo haga una persona enajenada por la enfermedad o por la pasión, resulta más fácil de entender que si lo hace alguien reflexivo y sensible, que no sólo debe gobernar sus actos por la ley sino por una moral resuelta e insobornable. Por eso es tan difícil aprobar esos fusilamientos. Son hechos que sentimos irremediablemente malignos, que podrán entenderse en medio de la vorágine de la guerra pero que repugnan a la conciencia de la humanidad, en la paz incluso precaria de las repúblicas. Como dice un personaje de García Márquez, "hay que estar siempre de parte del muerto". Reaccionamos no como miembros de un bando sino como miembros alarmados de la especie humana, capaces de entender la desesperación y el azoramiento del guerrero que mata en la batalla, o en un confuso acto de defensa, pero no al que mata con frialdad y a mansalva, aunque lo absuelvan los códigos de la guerra o la letra solemne de la ley. Fue también García Márquez quien dijo alguna vez que no sólo estaba contra la pena de muerte sino contra la muerte misma.

En 1858, con el encargo de escribir una nota biográfica para *The New American Cyclopedia*, Karl Marx prodigó de un modo misterioso toda clase de descalificaciones sobre los trabajos y los días de Simón Bolívar. Leer ese texto todavía causa perplejidad: no parece posible entender que un investigador se hubiera empeñado en acumular de tal manera argumentos falsos o inexactos para condenar a un personaje histórico. Lo curioso es que Marx no descuidó los detalles, averiguó los hechos y hasta cierto punto estudió las circunstancias, pero todo su texto está concebido para mostrar a Bolívar como un ejemplo incontrastable de cobardía, oportunismo y malignidad.

Hoy, después del trabajo minucioso de biógrafos como Gerhard Masur o como John Lynch, es posible desmentir punto por punto las informaciones tendenciosas de Marx y concluir que las guiaba el propósito consciente de desprestigiar a Bolívar, de condenarlo ante la historia. Muchos argumentan que Marx, para escribir aquel artículo que le reportaría algunas libras, se limitó a mirar algunos hechos consultando fuentes parciales y muy poco confiables, y reaccionando ante ellas sin mayor análisis. Él mismo cita como una de sus fuentes al coronel Hippesley, uno de los miembros de la Legión Británica, que combatió bajo las órdenes de Bolívar y que, después de que se le negara el grado de brigadier general, dice Masur, "regresó a su país y se dedicó a la tarea de calumniar a Bolívar". Otra de sus fuentes fue el libro de Decoudray Holstein, a quien hemos visto hace poco acompañando a Bolívar en una playa de Haití.

Pero Marx, quien a esas alturas ya había escrito obras tan notables como *El 18 Brumario de Luis Bonaparte*, no era precisamente un lector negligente, y no sólo tenía acceso a documentos escritos por enemigos personales del Libertador, sino que tenía a su alcance información suficiente para contrariar aquellas calumnias. Pasadas casi tres décadas desde la muerte de Bolívar, ya se necesitaba voluntad para equivocarse tanto sobre hechos históricos harto reconocidos en su tiempo. Marx espigó entre los datos accesibles aquellos que sirvieran para condenar a Bolívar, y, lo que es aún más raro, no encontró un solo mérito digno de ser mencionado en la vida de este guerrero y estadista cuya cultura, cuyo valor, cuyo compromiso y cuyas victorias la posteridad no se atreve a negar.

No concedió, por ejemplo, la menor importancia al hecho de que cinco naciones hubieran obtenido su independencia gracias sobre todo a la obstinación y al genio político de Bolívar; no valoró que una de las primeras luchas históricas contra el colonialismo se hubiera librado y ganado en tierras latinoamericanas; que pueblos postrados por el despotismo y sometidos por la arbitrariedad se hubieran alzado del polvo y hubieran afirmado su dignidad y su orgullo contra una dominación tres veces secular. Marx prefirió ignorar todo eso y ver sólo torpeza, pequeñez y perfidia en los entresijos de aquella existencia.

El hecho era curioso, y el propio editor de la enciclopedia, Mr. Dana, le reclamó a Marx en su tiempo el haber incurrido en excesos reprochables en el tono mismo en que redactó su artículo, haber perdido el sentido de la objetividad, haber convertido un artículo académico en una invectiva política y en una apasionada descalificación moral.

No recuerdo si Marx alcanzó a contar que, en Tenerife y en Mompox, Bolívar había desobedecido a sus jefes de Cartagena; que en Cúcuta aprovechó el permiso parcial que le dieron de ocupar las regiones fronterizas para avanzar con la intención de apoderarse otra vez de Venezuela. Pero de esa desobediencia, de esa vaga insubordinación sería mejor decir (porque en realidad los ejércitos con los que contaba se los había inventado Bolívar en unas cuantas semanas de movimientos audaces por el río Magdalena y remontando las sierras), de ese avance no autorizado por jefes lejanos, en tiempos de difíciles comunicaciones y en un mundo de obstáculos geográficos enormes, de esa campaña atrevida surgió la Segunda República venezolana. Lo que unos podían calificar como un movimiento de indisciplina, por no atender a los celos de un pequeño jefe, fue para la historia la Campaña

Admirable, uno de los hechos militares y políticos más notables de su tiempo, y uno de los momentos fundacionales de la leyenda de Bolívar.

La pregunta última en los vórtices de una guerra no es quién obedeció y quién no obedeció sino cuáles fueron las consecuencias de esas acciones. En *El siglo de Luis XIV* de Voltaire, un libro que sin duda Bolívar leyó, en una nota de pie de página, se habla de Torstenson.

"Torstenson era paje del rey Gustavo Adolfo de Suecia, en 1624. El rey, a punto de atacar un ejército de Livonios, en Lituania, y no teniendo al lado a sus generales, envió a Torstenson a trasmitir sus órdenes a un oficial general, para aprovechar un movimiento que vio hacer a los enemigos. Cuando ya Torstenson había partido, el enemigo cambió de rumbo, y el rey estaba desesperado porque la orden enviada era ya incorrecta. Torstenson regresó de su misión y le dijo al rey: 'Señor, dignaos perdonarme, pero viendo que el enemigo hacía un movimiento contrario, he dado la orden contraria'. El rey no dijo nada; pero esa noche, cuando el paje servía a la mesa, lo hizo cenar a su lado y le entregó el mando de los guardias, quince días después le confió una brigada, después un regimiento. Torstenson fue uno de los grandes capitanes de Europa".

El asunto no parece exigir mayor análisis, pero sospecho que algunos graves riesgos de las doctrinas de Marx están como anunciados en ese episodio. Algo que tiene que ver con la mirada que el eurocentrismo arrojaba sobre la supuesta periferia del mundo, la pretensión de que las leyes de la historia se dictaban desde Europa, la sospecha fatal de que una hazaña latinoamericana no podía ser más que una mala caricatura de las hazañas europeas. Algo que acaso procedía de la tesis hegeliana de que América no formaba parte de la historia universal, de que éstas eran sólo tierras salvajes y pintorescas. Ese juicio o prejuicio permitió que, desde la torre de un eurocentrismo formidable, hasta los filósofos ganosos de justicia fueran capaces de borrar de un plumazo la más alta aventura histórica de la América Latina, el despertar tormentoso de nuestra conciencia continental. Todavía entonces, para los ojos de Europa, América era invisible.

Todo protagonista histórico reclama un juicio crítico, y en Bolívar como en cualquier otro es posible enumerar errores y deficiencias. Pero ya no es posible negar la esencial importancia de su lucha y la magnitud de su victoria. Si la América Latina existe hoy, es por los esfuerzos de aquella generación lúcida, contradictoria y heroica, y tal vez nadie en ella cumplió un papel tan decisivo como Bolívar.

Por otra parte, hay pocos hechos más justos en la historia que la independencia de América. No podía un mundo tan vasto y tan complejo seguir siendo tributario de un mundo que tan poco lo apreciaba y que tan mal lo conocía. Si algo le reveló a Bolívar el viaje ilustrado de Alejandro de Humboldt fue la ignorancia del absolutismo español, su falta de conciencia del bravo mundo nuevo que tenía en sus manos y que, mientras permaneciera en ellas, no extraería jamás el zumo mágico de esa bravura y de esa novedad.

Hay quienes se preguntan si la independencia fue oportuna o si se dio en el momento indebido. Nada más vano que examinar así los hechos históricos: ¿Quién dirá cuál es la fecha justa de una revolución? ¿Quién decidirá cuándo es la hora de poner de acuerdo a todo un pueblo? Bolívar no inventó el movimiento de independencia, éste estaba en marcha en todas partes cuando él se incorporó a la lucha; había rebeldes dispersos por todo el continente, pero Bolívar recogió como nadie esas fuerzas y dirigió la tempestad. Algunas condiciones estaban creadas, pero dadas la dispersión de los patriotas, la dificultad del escenario y las fuerzas del enemigo, el fracaso era harto posible; hubo momentos en que la causa de la libertad estaba perdida. Y fue allí donde este soldado, que también era visionario y poeta, filósofo y caudillo, más de una vez hizo resurgir de la nada la llama de la historia.

También en España se confrontaban el atraso y la modernidad, el despotismo y el ansia de libertad. El costado despótico de la sociedad española, que obró con la conquista uno de los hechos bélicos de más malignas proporciones en la historia del mundo, llegó a burlarse de la magnitud de las batallas de la independencia americana. Trataba de olvidar así que esas batallas, pequeñas o grandes, la despojaron de todo un continente, la desplazaron del escenario de la historia y fundaron una nueva edad del mundo.

Las penalidades de nuestra guerra de independencia fueron complejas e innumerables, pero no responden a ese patrón apocalíptico de las batallas europeas, populosas carnicerías de las que causa asombro que alguien pueda envanecerse. Más bien habría que señalar lo admirable de que comparativamente se haya liberado con mucha menos sangre lo que costó tanta sangre someter.

Pretender que Bolívar y San Martín, que Hidalgo y Morelos, que Morazán y O'Higgins, que Nariño y Páez y Sucre y Artigas no pertenecen a la historia universal es como declarar que Immanuel Kant no pertenece a la historia de la filosofía. Pero también es un error pensar que sólo con ellos y en la aventura de vencer a España entramos en la historia: la llamada conquista de América es ya uno de los hechos históricos más conmovedores y dramáticos de todos los tiempos.

Hace cinco siglos que Europa fue sembrada en América: sus razas, sus lenguas, sus religiones, sus instituciones, su mercado, su industria, sus sueños y sus delirios; pero hace también cinco siglos que América entró en el cuerpo y en el alma de Europa: sus productos y sus leyendas, la memoria de una edad de desmesura y de deslumbramiento, las hazañas y los remordimientos que engendrarían la utopía y el mito del buen salvaje, el sueño del retorno a la naturaleza y el derecho humanitario, la pregunta por el otro y el romanticismo.

Tal vez sin ese primer siglo de aventuras dementes en un mundo desconocido, sin esa tensión entre la locura de España y su sabiduría, entre su espíritu heroico y su fantasía, entre su espíritu aldeano y su vocación universal, entre su limitación provinciana y su curiosidad renacentista, entre su encierro en la Edad Media y su fundación de la modernidad, no habría nacido *El Quijote*, libro que fundó un género literario pero también una edad del lenguaje, una época de la humanidad.

La independencia de los pueblos latinoamericanos también sirvió para que España supiera por fin cuál había sido su hazaña verdadera, qué hechos dignos de memoria y qué valores perdurables había sido capaz de instaurar en un mundo distinto. Por ello, el valor de la independencia también es significativo para España: sólo después de ella es posible valorar el aporte de civilización que revistió su terrible aventura americana.

Hay quien dice que con la Independencia sobrevino una vasta y recíproca orfandad, que América se quedó con la independencia y España se quedó con el absolutismo, que España se quedó con el despojo y nosotros nos quedamos con el olvido. Lo cierto es que España fue desapareciendo como protagonista del gran escenario de la historia; pasó en aquel siglo de ser el primer imperio del mundo a ser uno de los últimos países de Europa, y las naciones latinoamericanas, después del relámpago de su nacimiento, que deslumbraba al mundo, que nos inscribió en la leyenda de los siglos, que puso estatuas de Bolívar en las plazas de El Cairo, junto al puente Alejandro III en París y en el parque Central de Nueva York, entraron "en un tumulto análogo al silencio", que era en realidad el silencio de las largas gestaciones.

Bolívar y sus hombres sabían a qué silencio le estaban poniendo fin, pero no podían saber cuánto tardaría el proceso de formación de los nuevos relatos. Las generaciones suelen equivocarse en la valoración de sus propias conquistas, pues lo que buscan tiene que estar al alcance de su vida. Pero la vida de las generaciones se cuenta por décadas y la vida de las naciones se cuenta por siglos: nadie es dueño de las últimas consecuencias de sus actos.

Hoy, cada día de la cultura de nuestro continente agranda la importancia de aquellos precursores, porque en asuntos de tal magnitud sólo la historia sabe plenamente quién obró con justicia y quién se equivocó en los giros dramáticos del destino.

España creyó que su obra admirable y perdurable en América había sido la labor de los conquistadores, aquella aventura demente de dominación con bestias y con hierros, uno de los más descomunales trabajos de aniquilación y de intimidación por la técnica que haya obrado la condición humana, hazaña deslumbrante y abnegada aunque minuciosamente maligna, que sembró dolor y miseria moral por centurias. No podía saber que sus verdaderas hazañas, casi involuntarias, habían sido otras.

Uno de los grandes frutos de la conquista ha sido el mestizaje. Lo logró menos la temeridad de los conquistadores que la desnuda soledad humana, y su precio inicial sería una secular incomunicación. Esos nudos de silencio a los que el horror de la historia nos sujeta y que después exigen una energía divina que los desate y los convierta en canto. Novalis dijo que todo lenguaje es délfico. Tal vez no hay otro adjetivo para nombrar lo que lograron a lo largo del tiempo Juan de Castellanos y Rubén Darío, Alfonso Reyes y César Vallejo, José María Argüedas y Luis Palés Matos, Rómulo Gallegos y José Eustasio Rivera, Juan Rulfo y Gabriel García Márquez, Jorge Luis Borges y Pablo Neruda, que la palabra délfico: el hilo de sangre que canta.

No basta una aventura guerrera para sembrar una lengua en un territorio. Después de siete siglos de ocupación, España no terminó hablando árabe. La China no terminó hablando inglés. La India no se convirtió en un parque británico, aunque la lengua inglesa haya permanecido viva en el mundo hospitalario de Shiva y de Vishnú.

La aventura de España, precisamente porque no se agotó en ese costado puramente militar que tanto fascinaba a los franquistas, puso a disposición del mundo mestizo una de las más complejas lenguas de Europa, hija directa de Platón y de Esquilo, de Virgilio y Lucrecio, ajedrezada de árabe, intrincada por el islam y por la cábala, que en tiempos del Renacimiento recibía en una mano las álgebras de Dante y los surtidores de Petrarca, y en la otra los cántaros de la milenaria memoria de América.

Ya desde el comienzo es posible rastrear el modo como esa lengua fue reconociendo el territorio, fue paladeando sus lugares y sus costumbres, y dialogó con las lenguas indígenas lejos de la ortodoxia, por los caminos curiosos de la poesía. Allí empezó un mundo cuyos frutos no podían verse entonces, allí comenzó una cultura que ahora podemos apreciar en su diversidad y en su originalidad: las literaturas, las artes y las músicas ya nos permiten ver lo invisible. Como lo dijo délficamente Wallace Stevens:

El vestido de una mujer de Llhasa,
en su lugar,
es un elemento invisible de ese lugar
hecho visible.

Para que esa enorme cultura continental encontrara su afirmación y su canto, fue necesario ese salto hacia lo desconocido que protagonizaron las generaciones épicas de comienzos del siglo XIX.

Es importante entender que cuando los libertadores emprendieron su aventura estaban recogiendo los frutos de la modernidad europea. Su lucha contra España se dio porque sentían que España no era suficientemente europea, suficientemente moderna. Europa no era ya sólo la monarquía, era la Ilustración francesa, el empirismo inglés, el racionalismo alemán, el romanticismo, la respuesta de la sensibilidad ante esas aventuras racionales. Ellos buscaban menos la arcadia americana que el soplo de los nuevos tiempos, y sólo así puede entenderse el papel que desempeñaron Rousseau, Voltaire y Humboldt en la gestación del sueño de la independencia.

Cuando empezamos a necesitar romper con España, Francia se convirtió en la hermana mayor de nuestra aventura cultural. Si el rey comenzó a incomodarnos fue sobre todo por el ejemplo de Francia, y dado que el rey aquí había sido más una leyenda que una presencia, nadie se resignó a inventarse en estas tierras un rey de carne y hueso: la idea de la soberanía del pueblo caló en esta sociedad subordinada durante siglos, que por fin quería ser, valer por sí misma, abandonar su condición fantasmal. Nuestra lucha contra España, porque se dio bajo los resplandores de la Revolución Francesa, se fue convirtiendo en una lucha contra la monarquía. Pero más allá de la libertad, los ideales de la igualdad y la fraternidad, paradójicos y delirantes en la Francia de 1789, parecían verdadera locura en nuestras sociedades americanas sometidas al poder español, porque como lo había advertido muy bien el barón Alejandro de Humboldt a comienzos del siglo, la Colonia dejaba en estas tierras un sistema de jerarquías y estratificaciones tan complejo y oprobioso, que sería muy difícil que aquí las gentes pudieran llegar a verse alguna vez como conciudadanos.

Unos cuantos soñadores llevaron muy lejos las ambiciones de nuestra sociedad. La mayoría de los jefes de la independencia tenían sueños más moderados: querían cierta autonomía bajo el poder del trono, o querían que el rey viniera a gobernar sus dominios, como el emperador de Portugal había sido capaz de fijar su realeza en las playas de Rio de Janeiro, o querían que encontráramos entre nuestros prohombres mestizos al que pudiera llevar sobre sus sienes la diadema. Hasta hubo quien soñó con importar algún muchacho de sangre regia para que se resignara a ser rey de estos morichales.

Pero aun los más ambiciosos, como Bolívar, sólo podían saber que algo estaba comenzando. El enigma de América excedía la capacidad de abarcarlo que tenía el pensamiento del siglo XVIII. La Ilustración, a través de Humboldt, pudo leer con asombro el libro de su naturaleza; el romanticismo, con su sed de acción y su pasión por la libertad, pudo desentrañar otras cosas; Bolívar, encarnación de las fuerzas de su época hizo algo más que liberar naciones: liberó inesperadas fuerzas históricas.

Por eso, cuando Borges dijo de Rubén Darío y de la generación de los modernistas de finales del siglo XIX que nadie como ellos merecía en nuestra América el nombre de libertadores, quería señalar que el continente necesitaba más de una liberación. Tantas cosas habían sido acalladas, tantas borradas, los hijos de América habíamos recibido tan eficientes órdenes de no mirar, de no escuchar, de no entender, de no sentir, que hasta la mayor variedad de aves del mundo se resolvía en nuestra poesía en ruiseñores, pajarillos que no nos llegaban de las selvas sino de la mitología.

América siguió siendo por siglos un tesoro escondido, y sólo la libertad nos permitió ir sacando, de tumbas mitológicas, esas ciudadelas de barro, esas alturas de Machu Picchu, esos Comalas, esos Macondos, esos ríos profundos, esas arpas del llano, esos acordeones de los litorales, esas bibliotecas de Babel, esas pieles de jaguar con la escritura del Dios que reposan en el fondo de nuestro olvido. Nuevas versiones del mundo aguardan en esta memoria mezclada de asiáticos de hace treinta mil años, de europeos de hace quinientos, de africanos de hace cuatrocientos, fundiéndose en un mundo sin nombre.

Aún nos levantamos cada día sin saber qué signos reveladores, qué mapas celestes van a aparecer en esas largas piedras a la orilla del río, qué civilizaciones doradas van a surgir allí donde se remueve la tierra para abrir una carretera, qué músicas que habrán de conmover el mundo van a salir del taller de ese coronel retirado que se ha dedicado a la orfebrería.

América no necesitaba sólo científicos y guerreros, necesitaba viajeros y lectores de signos, capaces de escuchar la lengua de los pájaros y los idiomas de la selva. No basta que Humboldt, el sabio amigo, fuera capaz de ver nuestras montañas y nuestros ríos; se necesitaba que América abriera en su propio barro ojos para mirarse y oídos para escucharse. Si toda la farmacia europea ha brotado de las diez mil variedades de plantas que hay en ese continente, el mundo aún espera el saber médico que reposa en las cien mil variedades de plantas de la América equinoccial, cuanto los bejucos sagrados les han enseñado a los chamanes amazónicos; las mil aventuras estéticas que aguardan en las artes rituales de los pueblos nativos; la poesía que debe brotar de la fusión de los mitos, el álgebra embrujada que ya balbucen los versos de César Vallejo y de Pablo Neruda. Todavía Campanella y Rousseau y Hölderlin tienen que hablar con el espíritu del Amazonas.

Sólo conoce el mundo quien lo recorre minuciosamente, y en nuestro tiempo los viajeros saben cada vez menos del espacio que cruzan. Poco puede sentir de los países quien pasa en un avión a ochocientos kilómetros por hora, para quien desiertos y océanos son una misma cosa abstracta a treinta mil pies de profundidad, para quien no es posible advertir más diferencias que la forma vaga de las montañas o la mancha de los mares interiores, para quien sólo existen los puntos de partida y de llegada.

Volar es poco más que hojear un atlas, aunque al menos permite tocar los extremos del camino. Pero aquellos viajeros de antes recorrían, al ritmo del caballo y del viento, cuando no paso a paso, cada peñasco de los Alpes, cada ruta del bosque, cada fracción de niebla de los altos andinos; bebían todas las brisas, escuchaban a todos los pájaros, tuvieron una relación con el mundo que hoy difícilmente alcanzamos a imaginar.

Una de las costumbres del continente ha sido la de señalar con placas los sitios que Bolívar recorrió, las casas donde pasó siquiera una noche, las orillas de los ríos donde se embarcó, los sitios donde lo siguieron los muchachos de las aldeas, arrastrados por su convicción y por su estrella. También en esto Humboldt había precedido al viajero Bolívar, con una mirada aún más llena de preguntas, y mereció el honor singular de dejar su nombre en montes, plantas, llanos, lagos y hasta en una corriente oceánica. Pero Bolívar no iba clasificando hojas y flores, ni describiendo el curso de los ríos, ni estudiando las capas geológicas, sino incorporando ríos y lagos, peñascos y montes, pueblos y selvas a un proyecto histórico. El esquema inicial de la rebelión preparaba para él el esquema ulterior de las repúblicas.

América es, en su naturaleza, un continente mucho más vasto y diverso que Europa. No hay en Europa verdaderos desiertos ni verdaderas selvas, nada comparable a la región amazónica, nada comparable a la pampa argentina, y nada comparable a la cordillera de los Andes, con sus bosques de niebla en la región equinoccial, sus áridas alturas peruanas, sus abismos inmensos, sus altiplanos radiantes, sus altos desiertos de sal y hasta su mar azul con islas a cuatro mil metros de altura.

Europa es un continente a escala humana, que muchos viajeros en la antigüedad recorrieron a pie, que algunos recorren a pie todavía, y donde por perdido que alguien se encuentre está a pocas horas de algún lugar poblado, en tanto que, como decía Auden, todo americano ha visto con sus ojos comarcas prácticamente intocadas por la historia.

Es en este mundo nuestro donde José Eustasio Rivera puede hablar de esas gentes que devoró la selva, donde Hernández describe a Cruz y Fierro borrándose en el desierto sin límites, donde en Colombia ocho años de guerra de todo un Estado no logra rescatar a los cautivos de unas guerrillas brutales, donde estamos de verdad circundados por inmensos océanos. En los viajes de los guerreros de conquista se describían mundos desconocidos, como lo advertimos leyendo a Juan de Castellanos, y nos hacen sentir un vértigo planetario que apenas puede compararse con las campañas de los mongoles por las inmensidades del Asia, con una presencia menor de largas y continuadas civilizaciones.

Seguir la ruta de Bolívar es experimentar un asombro aún mayor. Él llegó a conocer buena parte del territorio americano y de sus gentes con la precisión y la minuciosidad con que un poeta conoce su lengua. Estudiar su vida tiende a confundirse con una detallada lección de geografía; conocerlo no es sólo conocer un hombre: es sobre todo conocer un mundo.

Él, que contaba con los recursos necesarios, pudo haberse quedado en la Europa antigua y cultivada: sabemos de su fascinación por Francia, de su amor por París, de su exaltado recorrido por los Alpes y los valles de Italia hasta la campiña romana. Prefirió recorrer América como nadie la recorrió jamás, y prefirió una hazaña todavía más compleja, la de inventar América: avanzar despertando naciones, amasando repúblicas, sembrando instituciones; luchar por darles un lugar en el mundo a pueblos que apenas se estaban descubriendo a sí mismos.

Heredero de una larga tradición, de Napoleón se cuenta que, a dos millas de Boulogne, acorralado por los enemigos, dictó a sus amanuenses punto por punto la campaña que comenzaría al día siguiente, el plan de la marcha sobre Austria, como si tuviera todos los mapas frente a sus ojos, con un conocimiento tan increíble de riscos, bosques, llanuras, pasos altos y cañones, y con tal precisión, incluidas las fechas de las llegadas, que en los días siguientes todos se asombraban de su conocimiento del escenario donde se libraba la guerra, y de ver que los hechos "fueran eslabonándose, previstos y puntuales como una profecía que se cumple".

Bolívar tuvo que aprenderlo todo por sí mismo, y se dice que una noche, después de una de sus muchas derrotas, mientras huían por una selva espesa, sus hombres empezaron a oírlo hablar de la campaña continental que lo llevaría a liberar vastas repúblicas. "Libertaré a Nueva Granada y después al Ecuador. Iré al Perú y enarbolaré la bandera de la resurrección sobre las torrecillas del Potosí". Todos sintieron que lo había alcanzado la locura, pero en los años siguientes se asombraron de ver cómo se iban cumpliendo paso a paso las previsiones de aquel delirio.

En la mañana del 27 de noviembre de 1820, acompañado por un escuadrón de húsares y cincuenta oficiales de su estado mayor, enfundados en uniformes de gala y con el pecho pesado de medallas, hizo su entrada en el pueblecito de Santa Ana, cerca de Trujillo, en Venezuela, el general Pablo Morillo, comandante general de las tropas de España en América.

Era un hombre de origen humilde, pero el ejercicio de las armas le había dado renombre. Nacido cuarenta y cinco años atrás en Fuentesecas, en Zamora, Morillo, luchando contra Inglaterra, obtuvo el título de sargento en el cabo de San Vicente, en la mítica batalla de Trafalgar, que perdura en los versos de Browning; ascendió a teniente de infantería en la batalla de Bailén contra Francia; se hizo coronel derrotando en Vigo a las tropas napoleónicas; unido al ejército inglés del duque de Wellington, fue ascendido a mariscal de campo en 1813, y alcanzó el grado de teniente general de las tropas de España en la batalla de Vitoria, que cobró ocho mil bajas entre muertos y heridos, y dos mil prisioneros, al ejército imperial, que obligó a Napoleón a devolver la corona a los Borbones, forzó el retiro definitivo de las tropas francesas y decidió la independencia de España.

Un soldado nacido en pobre cuna le había devuelto a un rey su reino.

Más tardó Fernando VII en instalarse otra vez en el trono que en darle a Morillo la orden de recuperar para España las colonias americanas, emancipadas cinco años atrás. Con cincuenta y ocho buques, entre los cuales se destacaba el San Pedro de Alcántara, un navío imponente de setenta y cuatro cañones, y a la cabeza de doce mil hombres, el general emprendió la reconquista. Mientras Bolívar saltaba de isla en isla buscando su luz y su hora, Morillo puso sitio por cuatro meses a Cartagena de Indias. La ciudad tuvo que abrir finalmente sus puertas después de ver morir de hambre y de peste a trescientos de sus hijos en un solo día, y las tropas de España avanzaron victoriosas y sin clemencia alguna, pasando por las armas a todos los habitantes del poblado de Bocachica.

Después, en Santafé de Bogotá, el Pacificador había sacrificado con saña a toda la generación de intelectuales y de sabios que apoyaron la insurrección, entre los cuales se destacaba Francisco José de Caldas, amigo y colaborador de Humboldt en su viaje por Suramérica. Ante alguien que intentaba disuadirlo del crimen, Morillo manchó para siempre su propia memoria y la de su patria, autorizando la ejecución con este brutal argumento: "España no necesita sabios". Todas esas cosas inclinaron a los americanos a apoyar hasta el final a las tropas revolucionarias, y entre los crímenes del ejército de ocupación hubo uno que causó singular repugnancia: el sacrificio del presidente de la Nueva Granada, Camilo Torres, fusilado y decapitado, cuyos restos se exhibieron para espanto de los viandantes bajo el picoteo de los buitres.

Ahora se cumplían cinco años de la guerra de reconquista, y España, cada vez menos segura de su victoria y de la conservación de su imperio, había aceptado firmar un armisticio. Tras un lustro de sangre contra los rebeldes americanos, entre batallas cenagosas y emboscadas mortales, desvelos y carnicerías, atrocidad y pillaje, en esta ocasión, en Santa Ana, Morillo no venía a enfrentarse de nuevo con sus encarnizados enemigos, sino a ver en persona, por primera vez en su vida, al caudillo de aquella rebelión.

Bolívar se iba convirtiendo en leyenda. El aristócrata que había entregado su fortuna, una de las más grandes de América, en las luchas por la independencia; que había sido derrotado una y otra y otra vez, expulsado hacia la Nueva Granada, hacia Jamaica, hacia Haití, por fuerzas inmensamente superiores en hombres y pertrechos a las de sus guerrilleros de Cumaná, sus jinetes del llano y sus tropas de indios y de zambos descamisados y descalzos, se había alzado de nuevo de todas esas derrotas, como el gigante aquel que recuperaba sus fuerzas al caer, al contacto con la tierra materna.

Había luchado con un brazo contra el poder español y con el otro contra el desorden y la incredulidad de sus propios hombres, llevando en los labios un discurso elocuente y enérgico, para convencer a los americanos de que era posible derrotar al enemigo enorme y omnipresente. Había luchado a solas por la unión, por la fe, por la victoria, convencido de que América tenía que ser libre, de que en el suelo de la América meridional, sometido a servidumbre y esclavitud por tres siglos, era posible fundar repúblicas como las que a esa hora se abrían paso a cañonazos y a golpes de bayoneta sobre el suelo de Europa.

Había declarado una feroz guerra a muerte para responder a las carnicerías del enemigo, había liberado el Orinoco arrastrando brigadas de adversarios hacia los pantanos, donde eran devorados por la naturaleza, y en cuanto logró sujetar a su mando las praderas venezolanas había convocado de urgencia en Angostura a un congreso de diputados que asumiera el poder, dictara la Constitución y sujetara a una ley inapelable todas aquellas tropas hasta ahora arrastradas a la barbarie por el torbellino de la guerra.

Hasta el Congreso de Angostura, en 1818, Bolívar era visto por buena parte del mundo con los colores con que lo había pintado la corona española: un guerrillero sanguinario al mando de una tropa de hombres bestiales, que andaba sembrando el terror en unas tierras salvajes, combatiendo a la civilización, profanando la Iglesia y cometiendo toda clase de crímenes. Esta decisión de invocar la ley, de dictar la Constitución, de someter a los guerreros a una legalidad severa, y el gesto adicional de renunciar a su poder y poner todo en manos de los representantes de la comunidad, ese gesto que revelaba en él a un estadista y a un hombre de principios y de ideales, le valió la admiración de Europa, y ahora militaban bajo su mando brigadas inglesas e irlandesas, lo mismo que jóvenes intelectuales de Francia y de Inglaterra que se sabían en presencia de una de las personalidades más notables de su tiempo.

Había construido su aventura con el corazón dividido entre la admiración por el talento y el rechazo por la soberbia de Bonaparte, quien a esa hora, preso y desterrado en una isla remota, descifraba en las nubes, a solas, el secreto de su imperio perdido.

A la cabeza de sus tropas, Bolívar acababa de cumplir el hecho más audaz y definitivo de sus campañas, el paso inesperado de los Andes por gargantas inclementes, por páramos donde morían a decenas sus pobres soldados, por ciénagas que debían atravesar días enteros con el agua a la cintura, cuidando más las armas en lo alto que los cuerpos en la humedad y en el fango, para golpear por sorpresa a los españoles precisamente desde el flanco por el que nunca habrían esperado un ataque, y liberar, en una campaña tan breve y cegadora como un relámpago, el territorio central de la Nueva Granada.

El de esta mañana de noviembre era el primer encuentro de los dos enconados adversarios, y Morillo esperaba con impaciencia ver llegar a Bolívar y su escolta. Por fin aparecieron en la distancia, y la primera sorpresa de Morillo fue que su enemigo no viniera custodiado por tropas numerosas sino acompañado apenas por diez oficiales. "Pensé que mi cuerpo de guardia era pequeño —dijo después— para aventurarme tan lejos, pero mi viejo enemigo me sobrepasó en magnanimidad".

Pero la mayor sorpresa de Morillo, quien retiró enseguida al escuadrón de los húsares para que no se pensara que desconfiaba, no fue la pequeña escolta sino el propio escoltado. Tardó en entender que Bolívar no era ninguno de los oficiales uniformados que venían en el cortejo, sino aquel hombrecillo de chaqueta azul y sombrero de campaña que avanzaba entre ellos montado en una mula, sin ninguna manifestación de su rango.

Bolívar lo había estudiado todo, y cuando tomó la decisión de ir con sus pocos oficiales, ya había sido informado de la grandeza y aparato del cortejo de su adversario. Debió recordar aquel día en Montesquiaro, en 1805, cuando lo que más lo impresionó de Napoleón fue la sencillez de su aspecto, la capa sin insignias y el sombrero sin adornos, entre la nube de esplendores de su estado mayor.

Morillo acabó por entender: aquel hombrecillo era Bolívar. Entonces bajaron de sus cabalgaduras y se abrazaron: la primera parte del diálogo se había cumplido sin pronunciar una sola palabra.

Después del cruce de los Andes, cuando Bolívar sorprendió a los españoles y les infligió dos derrotas sucesivas, en el Pantano de Vargas y en el Puente de Boyacá, el curso de la guerra había cambiado. Al día siguiente, mientras Bolívar y sus generales entraban victoriosos en Bogotá, ya el ejército de Morillo se movía a la defensiva, y no pasó mucho tiempo antes de se propusiera el armisticio. Aquella noche de Santa Ana los dos enemigos no sólo intercambiaron prisioneros y se rindieron los honores que la táctica exige, sino que durmieron bajo el mismo techo, como prueba de su confianza.

Curiosamente, Morillo, el hijo del pueblo, representaba allí todo el poder de la realeza española, y Bolívar, el hombre de cuna aristocrática, a los rebeldes descamisados de las colonias. Pero en este episodio, Morillo, que venía de vencer a Napoleón, de restaurar la monarquía y de ser el gran protagonista del resurgimiento de la monarquía española, estaba pasando a la historia; Bolívar, que venía de desastres y de fracasos por los litorales y las ciénagas, y que había derrotado a los ejércitos reales, bien armados y bien provistos, con un famélico ejército de sombras, estaba entrando en la leyenda.

Más aún: sin que nadie se diera cuenta, salvo seguramente Bolívar, cuyos ojos veían más lejos, la estrella de Morillo se estaba apagando, hasta el punto de que el general español se retiró casi enseguida, dejando a sus subalternos sin saberlo la danza de la derrota, al tiempo que el halo histórico de Bolívar, que iba creciendo, ya no se apagaría por siglos. Parecían encontrarse en condiciones de igualdad, pero a partir de esa entrevista Morillo se convirtió en una sombra, una reliquia de la historia, y Bolívar empezó a escalar las cuestas del mito.

El armisticio significó para Bolívar ser reconocido por primera vez como jefe de Estado por la corona española. Cuando el alto al fuego se rompió, unos meses más tarde, la suerte de la guerra de independencia se había inclinado definitivamente hacia el bando de los americanos.

Ahora Bolívar está en el sur, cruzando el cañón del Patía. Va con sus tropas a liberar a Quito, sabe que está más cerca que nunca de coronar su sueño de hacer flamear las banderas de la libertad en Lima y en Potosí. Pero ¿cómo darnos cuenta de la durísima realidad de sus días? Esto es lo que hallamos en una de sus cartas a Santander. Primero, la mención inevitable de cómo el territorio acobarda o desalienta a los soldados. "No hay día en que de la sola división de Vanguardia no deserten ocho o diez hombres". ¿Contra quién es la guerra? Los enemigos están allá, al otro lado del cañón, en Juanambú y en Pasto, pero un enemigo más peligroso está invadiendo las tropas: la viruela. "Tenemos tres columnas que en un día no montan a 2.500 hombres, porque cada una de ellas manda al hospital veinte o treinta hombres diarios".

Se necesita entereza para controlarse y mantener el orden y la disciplina cuando un ejército al que le esperan muchos días de marcha y de combate se ve diezmado así: "El general Torres ha perdido 170 hombres entre muertos, desertores y enfermos, y no son más que dos jornadas". Con voz serena, en la que se siente un fondo de desesperación, pide refuerzos: "El batallón de Artilleros, con cuantos reclutas y veteranos hay en esa capital, y con 30.000 o 40.000 pesos que deben salir al segundo día de haber llegado Lara a Bogotá". ¿Y de dónde deben salir los recursos? La guerra imperiosa impone su dura lógica: "Tuerto o derecho, esto debe hacerse sin remedio alguno". Pero el general no hace solicitudes abstractas: sabe que debe entrar en detalles: "El completo de 2.000 hombres y 30.000 pesos más, todo conducido velozmente, y con alpargates, con cartucheras, si las hay, cartuchos de calibre de a 18 en libra, gorras para reclutas, y un vestido siquiera de manta". Algo grave ha pasado con los envíos recientes porque añade: "Si hay buenas piedras de chispa, que vengan, porque las que han mandado no sirven para nada". Y una frase más, para que se advierta lo grave de la situación: "Este ejército no puede vivir un mes aquí, porque se muere de enfermedad y de hambre. De hecho irían 2000 hombres más al hospital, y 2000 enfermos comen y gastan más que 4000 buenos". Pero más dura aún es la conciencia del general de que de él dependen no sólo la estrategia de la guerra y la conducción de la tropa, sino la solución de todas las minucias prácticas. La enumeración que hace, en forma de letanía y de queja, es harto expresiva: si él no está, del Magdalena no envían las tropas del batallón de Tiradores; si él no está, los soldados tienen destrozados los pies por falta de alpargates; si él no está, a nadie se le ocurre mandar agujetas para destapar los oídos de los fusiles, sin lo cual no hay combate; si él no está, nadie fabrica las agujetas que faltan; si él no está, no deshacen los cartuchos defectuosos para hacerlos de nuevo; sólo él se da las mañas para resolver todo. Y si él no está, Montilla manda fusiles de un calibre y municiones de otro. Encima tiene que cavilar noche y día, pensando sin cesar, en la guerra que se le viene encima.

Era la dura guerra del Patía, que culminó con las batallas de Juanambú y de Bomboná, menos vistosas y gloriosas que la que acababa de ganar Sucre en las faldas del Pichincha, pero minuciosamente agobiantes por la dificultad del terreno y por la adversidad del enemigo.

Pero al otro lado de esa línea de sombra, estaba esperando a Bolívar algo que sólo podemos nombrar con la palabra gloria. No sólo la liberación de Ecuador, su anexión al proyecto de la Gran Colombia, la recepción en Guayaquil, la marcha triunfal sobre la ciudad de Quito, el entusiasmo de las multitudes en un país hermoso y exuberante, las fiestas galantes, los horizontes abriéndose hacia el sur, la embriaguez de la luz sobre las montañas del Inca, sino los dos hechos que en vísperas de sus cuarenta años pusieron sobre la frente de Bolívar la certeza no de un triunfo parcial sino de haber alcanzado un sueño que acariciaba desde el final de su adolescencia.

A pesar de lo solemne del escenario y de lo romántico del momento, lo embriagador no era jurar en Roma con la espada en alto no dar descanso a su brazo hasta haber liberado un mundo, lo embriagador es que a este hombre le haya sido concedido el privilegio, no obtenido por la suerte sino conquistado por la paciencia, la obstinación, la voluntad, el rigor y la audacia, de cumplir con ese juramento, de ver un día un mundo libre ante sus ojos, abierto a todos los desafíos del futuro.

No importa ya lo que venga después, la ingratitud, la traición, el fracaso. En este momento todavía lo esperan dos grandes recompensas para un esfuerzo obstinado. La primera, prevista y cuidadosamente preparada, será la entrevista en Guayaquil con el general José de San Martín, que decidirá el mando sobre todas las tropas del continente, que decidirá a quién le corresponde el privilegio de ser el artífice de la gran victoria continental. El viento de la historia va a llevar ese nombre hasta el último confín de América. La otra será una dádiva del azar, a no ser que encontremos el nombre del numen que concede esos dones: el encuentro con Manuela Sáenz, quien se está preparando en un balcón de Quito para arrojar una corona a su paso.

En los dos extremos del continente, Bolívar y San Martín representaban la aristocracia criolla de las provincias menos atendidas por España. Ambos estuvieron en Madrid por la misma época, y si Bolívar gozaba de la proximidad de la corte, San Martín formó parte orgullosa del ejército español. Ambos tuvieron su roce con el poder napoleónico: Bolívar, en los tumultos de aquel día de la entronización, entre las multitudes de París; San Martín, enfrentando sus ejércitos como soldado de la armada española.

Sus destinos ya habían comenzado a diferir de un modo irremediable. San Martín había visto a las muchedumbres linchar a un comandante y quedó marcado por cierta desconfianza hacia los tumultos civiles; Bolívar guardaba una impresión épica de las muchedumbres celebrando la gloria del héroe. Se diría que San Martín, como Miranda, era un militar formado en Europa, Bolívar era también un tribuno, alguien que sabía recurrir a los pueblos cuando la historia lo exigía. Un rasgo paralelo es que San Martín emprendió la travesía hacia Chile, como Bolívar hacia Venezuela, contrariando la voluntad de sus superiores. Ambos sabían que la lucha tenía que ser continental: que un solo país suramericano en poder de España significaba un peligro sempiterno para todos los otros. La libertad de América exigía el sometimiento de las minorías realistas, su derrota o su expulsión.

Y ambos sabían que el último fortín de España sería el Perú. El sol ibérico se había alzado en Cajamarca, y al parecer tendría que eclipsarse allí mismo, porque el opulento virreinato no sólo enviaba riquezas considerables a la corona sino que había reproducido en las montañas el fasto de los Austrias y de los Borbones. Las miradas de los dos cóndores se dirigían sobre las montañas a las viejas cumbres del Inca. Desde el sur y desde el norte convergían los ejércitos hacia esas alturas donde seguía izada la bandera del rey y donde el poderío español exhibía su firmeza entre el soplo de las flautas indias y el apacible rumiar de llamas y alpacas.

Y las dos tempestades avanzaron del norte y del sur hacia las montañas peruanas: Bolívar y San Martín sabían que sólo cuando fueran derrotados los virreyes de Lima y expulsados de la sierra peruana, podrían las nuevas naciones sentirse dueñas de América. Para ello los dos asumieron el desafío desmesurado de atravesar la cordillera con sus tropas libertadoras. La travesía era tal vez más ardua para los regimientos argentinos, porque la cordillera que separa a Chile es casi inexpugnable: pasaron por gargantas a cinco mil metros de altura, y sólo la fortaleza y buena provisión de las tropas les permitió alcanzar la costa chilena. Dos años después Bolívar cruzó los Andes del norte, con tropas mucho más desprovistas, casi un desfile de fantasmas que podría ilustrarse con detalles de *El triunfo de la muerte,* de Pieter Brueghel.

Hay hechos históricos que sólo se pueden nombrar plenamente más allá de la historiografía y de la lógica del lenguaje. Participan en ellos hombres y mujeres, soldados y capitanes, políticos y pensadores, bestias y armas, pero también fantasmas sangrientos, dioses sin nombre, talismanes, conjuros, las novecientas rosas del mito. Ese enjambre que se fue formando alrededor de la fortaleza peruana sería el último asalto para conquistar un rostro en la multitud de lo humano, una voz propia en el clamor de la historia.

A la liberación de Argentina correspondía la liberación de las llanuras del Orinoco; a la liberación de Chile, después del impresionante paso de los Andes, la liberación de la Nueva Granada; a la liberación del Uruguay, la liberación de Quito. A Carabobo, Boyacá y Pichincha correspondían Tucumán, Chacabuco y Maipú. Tras entrar San

Martín al virreinato y librar las primeras batallas, había obtenido el título de Protector del Perú, y entonces llegó la hora del encuentro entre los dos ejércitos y los dos jefes. Ambos sabían que en la causa bélica dos jefes enfrentados equivalen a guerra civil. Uno de los dos tenía que comandar los ejércitos de todo el continente, y Bolívar y San Martín se reunieron en Guayaquil, el 26 de julio de 1822. De esa reunión sin testigos, de esa reunión a la que el mundo no fue invitado, Bolívar salió convertido en el jefe de la carga final contra España.

Vino entonces la unificación de las tropas continentales bajo el mando único de Bolívar, el triunfo de los patriotas en Junín, "resplandeciente como un sueño", y el triunfo de Sucre en Ayacucho. Un continente celebraba a los que habían sido capaces de realizar lo imposible. Pero lo que estaba en el centro de aquella búsqueda a la vez histórica y mitológica cabe más en un poema como "Alturas de Machu Picchu", de Pablo Neruda, que en una crónica.

> *Entonces en la escala de la tierra he subido*
> *entre la atroz maraña de las selvas perdidas*
> *hasta ti, Machu Picchu.*
> *Alta ciudad de piedras escalares,*
> *por fin morada del que lo terrestre*
> *no escondió en las dormidas vestiduras.*
> *En ti, como dos líneas paralelas,*

la cuna del relámpago y del hombre
se mecían en un viento de espinas.

Madre de piedra, espuma de los cóndores.

Alto arrecife de la aurora humana.

Pala perdida en la primera arena.

Ésta fue la morada, éste es el sitio:
Aquí los anchos granos del maíz ascendieron
Y bajaron de nuevo como granizo rojo.

Aquí la hebra dorada salió de la vicuña
a vestir los amores, los túmulos, las madres,
el rey, las oraciones, los guerreros.
Aquí los pies del hombre descansaron de noche
junto a los pies del águila, en las altas guaridas
carniceras, y en la aurora
pisaron con los pies del trueno la niebla enrarecida,
y tocaron las tierras y las piedras
hasta reconocerlas en la noche o la muerte.

Miro las vestiduras y las manos,
el vestigio del agua en la oquedad sonora,
la pared suavizada por el tacto de un rostro
que miró con mis ojos las lámparas terrestres,
que aceitó con mis manos las desaparecidas

maderas: porque todo, ropaje, piel, vasijas,
palabras, vino, panes,
se fue, cayó a la tierra.

Y el aire entró con dedos
de azahar sobre todos los dormidos:
mil años de aire, meses, semanas de aire,
de viento azul, de cordillera férrea,
que fueron como suaves huracanes de pasos
lustrando el solitario recinto de la piedra.

Porque es verdad que lo que buscaban estaba a la vez en los escenarios brumosos de la historia y en los espacios simbólicos de la leyenda: era la resolución de un drama cósmico. Esos libertadores no buscaban sólo el triunfo sobre un déspota o un invasor: se buscaban a sí mismos en el rostro de América, la posibilidad de su triunfo era la posibilidad de su propia existencia, conquistar el futuro era también conquistar por fin la memoria.

Vino la gloria y, con ella, una derrota secreta. Porque todos sabemos que a partir del momento en que Bolívar triunfó, comenzó a estorbar por todas partes. La estrella de las repúblicas no permitió que se alzara el sol de la unión continental. Muchos han juzgado ese hecho como una traición de los generales a su propio jefe; sienten que Bolívar fue traicionado por hombres mucho menos grandes que él.

Tal vez la verdad sea ligeramente distinta. No hay duda de que no lo comprendieron, pero habría que preguntarse si estaban en condiciones de comprenderlo. Él tenía razón: sin la unión continental las naciones nuevas quedarían abandonadas a su suerte, a merced de la voracidad del mercado mundial, sin verdadera capacidad de negociación. Pero era temprano en el mundo para el proyecto de una unión continental. No la soñaba siquiera

Europa, donde las naciones ya estaban conformadas, poseían identidades fuertes y una larga tradición cultural. A veces nos preguntamos si basta la mera voluntad de unión para lograrla, o si sólo grandes tragedias, como la segunda guerra mundial, logran mover a los pueblos hacia una unión que garantice su supervivencia.

Los generales, por razones mezquinas, por idealismos ingenuos, por sed de poder, querían naciones, y veían como algo indeseable la unión que Bolívar seguía predicando cada vez más en vano, cada vez más atormentado por las evidencias de una fragmentación que para él equivalía a un vasto e irremediable naufragio. Se diría que en cierto modo su triunfo había sido su fracaso. Mientras estaba presente el enemigo, mientras España se alzaba frente a todos, fue posible la unión; en cuanto España retrocedió y emprendió la fuga, la unión no le parecía necesaria más que a dos hombres, Bolívar y Sucre, y las facciones encontraron la manera de deshacerse de ellos, dándoles para morir los balazos de Berruecos y los venenos del desengaño.

Y, sin embargo, todos sabemos que Bolívar no fue derrotado. Al día siguiente de su muerte, todos sabían que había sido lo más grande que había visto nuestra tierra, todos lo convertían en un instrumento de mármol o de bronce para fortalecer su política, todos invocaban su nombre y lamentaban, no siempre en falso, haber sido ingratos con él. Las tareas que trazó para el continente volvían a alzarse como deberes ineludibles, no porque él los hubiera propuesto sino porque eran necesidades de la historia, tareas que cada década hizo un poco más evidentes.

Han pasado dos siglos. Poco, para la perspectiva de las naciones; demasiado, para la vida de los individuos. Va pasando la edad de los guerreros, va pasando la edad de los meros políticos. Se hacen cada vez más necesarios los pensadores y los estadistas. Y se hace cada vez más necesaria la valoración de ese costado humano, contradictorio, apasionado, sensible, lúcido, que es el que menos hemos apreciado de nuestros fundadores. Esa complejidad que nada valora tanto como el arte.

Todo el que aspira a sentir la proximidad de un personaje histórico, el que quiere tener la sensación de que ha llegado a conocerlo o experimentar lo que vivieron quienes alguna vez se vieron frente a él, pronto comprende que no es la acumulación de datos, la abundancia de información, lo que nos hace sentir que conocemos a alguien.

De muchos de nuestros amigos ignoramos buena parte de las circunstancias de su vida; muchas experiencias de nuestra propia vida suelen ser del olvido, y otras personas recuerdan cosas que hicimos y olvidamos. Todo escritor conoce la curiosa experiencia de encontrar en sus apuntes datos que habrían desaparecido si no los hubiera registrado en palabras.

Por eso Whitman preguntaba ante una biografía: ¿es esto la vida de un hombre? Si algo sabemos de Shakespeare es que su vida debió parecerse muy poco a lo que nos cuenta Victor Hugo en el libro excelente y fantástico que escribió sobre él.

A veces una frase o una anécdota hacen conocer mejor a un personaje que las mil páginas de una biografía. Y por eso la vida del doctor Samuel Johnson escrita por James Boswell es un monumento tan alto de la memoria humana: por la cantidad de rasgos circunstanciales, por su abundancia de ejemplos vívidos de un tono y de un estilo personal.

Y por eso el libro que Perú de Lacroix, el confidente del Libertador, escribió en Bucaramanga, mientras esperaban el resultado, que Bolívar sabía calamitoso, de la Convención de Ocaña, es uno de los documentos que mejor nos permiten conocer a Bolívar.

Perú de Lacroix, como Boswell con Johnson, conversó cada día con el Libertador, almorzó o cenó con él, salió a cabalgar por los alrededores del poblado, jugó con él al tresillo hasta la medianoche, lo vio responder cartas y atender visitas, y después corrió a su cuarto a escribir todo lo que Bolívar había dicho, de modo que tenemos la intensa sensación de que acabamos de oírlo hablar, sus palabras guardan una conmovedora cercanía. En ese libro afortunado encontramos, además, por todas partes, rasgos poderosos de su personalidad.

Bolívar está hablando en el cuarto de al lado: es la sensación que nos dejan las páginas de Perú de Lacroix. Por ellas sabemos de su temperamento extraordinariamente competitivo: cómo se hizo amarrar un día las manos para ir nadando, en competencia con el coronel Martel, por el Orinoco, hasta unas cañoneras fondeadas a ciento cincuenta metros de distancia, sólo porque Martel se había envanecido de nadar mejor que todos en la tropa. Mientras lo cuenta, Bolívar mismo admite que esa ocurrencia parecería propia de un loco, aunque él no cree serlo. Cumplía el múltiple propósito de desplegar su energía, rivalizar con los demás, poner a prueba su resistencia física, exhibir su destreza y alimentar su leyenda.

No ignora que aquella competencia fue un hecho extraordinario, que destacaba su tenacidad y la fortaleza de su voluntad, y que si bien buscaba reafirmar su posición superior en el ejército, al menos no lo hacía por el camino fácil de la autoridad y de la imposición sino exponiéndose a sí mismo a un peligro extremo.

Le gustaba protagonizar esos hechos vistosos y después se complacía en relatarlos. Aquella vez no pudo impedir que el general Ibarra, su edecán, pusiera en el río dos buenos nadadores que lo auxiliaran en caso de emergencia, pero de todos modos no hubo necesidad de ellos: Martel ganó la competencia por unos cuantos metros.

Es notable su interés por todos los hombres de su tropa. Pide que inviten a su mesa, ya como presidente de la república, a un joven oficial sin costumbres civiles, sólo por ayudar a su formación. Hablando del joven edecán Wilson, Bolívar se permite teorizar sobre la educación, y dice que ésta tiene por lo menos tres momentos: la que nos dan los padres, la que nos brindan los maestros y "la del mundo". Parte de esta tercera educación era la necesidad de pasar algún tiempo en las escuelas "de las dificultades, de la adversidad y aun de la miseria".

Oírlo hablar de sus hombres es advertir su continuo ejercicio de observación y de reflexión sobre los seres humanos. La descripción que hace de sus generales es vívida y harto memorable: enumera sus virtudes y sus defectos, nos hace sentir que sabe perfectamente qué se puede esperar de ellos, las misiones que puede encargar a cada uno. Sabe y, cuando es preciso, acepta, los defectos incorregibles de hombres cuyos talentos o méritos son indispensables para la causa de la revolución.

Tratamos de encontrar a Bolívar y sentimos a veces que todo se nos queda por fuera. La detallada dureza de sus campañas, su relación con los generales, su conocimiento preciso de cada uno de ellos. De Páez, por ejemplo, ese llanero temerario, intuitivo y feroz que exigiría todo un cuadro sólo para sí. Ese hombre violento, surgido de la tierra, sin usos civiles, y sin embargo lleno de talentos y de capacidad de aprendizaje. Es asombroso que uno de los momentos más conmovedores por su peso humano en esta historia lo encontremos justamente en el entorno de Páez, que parece el más rudo de los hombres.

Pero es bueno entender lo intrincado de la realidad en cada palmo del territorio, en cada minuto de la historia. Páez vivía una suerte de embriaguez con la sangre y la violencia, en medio de las batallas entraba en una especie de frenesí, que lo hacía convulsionar y hasta arrojar espuma por la boca, e incluso lo hacía caer del caballo en medio del combate. Iba tras él un negro formidable que era su criado y también su celoso protector. Una de las tareas de este hombre era recoger a Páez cuando caía en la batalla, y salvarlo del peligro de ser pisoteado por los caballos.

En algún momento de las guerras de Venezuela, el negro enorme iba cabalgando en la vanguardia del ejército, y Páez venía muy atrás. De pronto, el general vio que su criado cabalgaba hacia él, y le preguntó a gritos si se había acobardado en el combate. "No –le respondió el hombre, que venía sangrando–, he venido a decirle adiós". Herido de muerte, lo único que hizo aquel hombre leal fue cabalgar desesperadamente hasta su amigo, sólo para despedirse de él.

O hablar de la compleja relación con Santander, en quien Bolívar descubrió temprano a un soldado valiente pero también a un hombre metódico y excelente administrador, aunque poseído por un casi enfermizo sentido de la dignidad, que lo hacía abundar en argumentos y en minucias en defensa de su honor mancillado. Más importante que esa susceptibilidad extrema era su lealtad a la hora de responder a sus deberes, y Bolívar vio en él al hombre que debería ser el proveedor de recursos para la tropa desde las regiones liberadas.

Santander, halagado por el título de vicepresidente y fascinado por los rituales republicanos, se tomó tal vez demasiado en serio la ilusión de que ya tenían en sus manos una república, cuando en realidad la capital de la Nueva Granada era el centro de un corredor despejado de enemigos que sólo estaría seguro cuando el resto del territorio hubiera sido liberado. Nadie puede dudar de la responsabilidad con que en los primeros tiempos Santander proveía con celo y con eficacia las necesidades del ejército, mientras Bolívar avanzaba hacia el sur en medio de mil penalidades. Gradualmente empezó a olvidar que esas tropas cada vez más lejanas, cada vez más perdidas en guerras que ya parecían ajenas, eran el sustento verdadero de su poder, de la legitimidad de su gobierno y de la continuidad de su proyecto republicano, y comenzó a verlas como un obstáculo para la consolidación de las instituciones.

Las leyes habían nacido de la guerra de la libertad; pronto Santander empezó a ver esa guerra, aún inconclusa, como una transgresión de la legalidad, le imponía a Bolívar restricciones, le exigía apegarse a unas normas que para el momento eran meras formalidades, no pasar las fronteras sin haber sido autorizado por legisladores que desconocían el escenario de la guerra y no tenían la conciencia de sus vicisitudes. La correspondencia entre ambos es una inquietante lección del conflicto entre las concretas necesidades de la realidad y las abstractas ficciones de una legalidad que, olvidada de las circunstancias, se va convirtiendo en un obstáculo para la acción.

Todo se nos aparece como una abigarrada sucesión de novelas. Porque aun venerando ese viaje final por el río que reinventó García Márquez, con las lágrimas de la última estrella sobre las bongas grandes de San Pedro Alejandrino, una sola novela quizás no resultará suficiente.

¿No es toda una novela el conflicto entre Bolívar y Miranda, entre el general casi europeo de sienes grises que idealizó y perdió su patria americana y el guerrero impaciente que aprendió con derrotas cómo inventar repúblicas en la selva equinoccial?; ¿esa historia que comenzó con admiración y largas conversaciones y desfiles patrióticos y terminó en rivalidad, en discordia, en desesperación y en fracaso?

¿O aquella campaña relámpago por el Magdalena, librando de enemigos el río, bajo el bullicio de los loros, entre el asedio de los caimanes, viviendo en cada puerto los desvaríos de un nuevo amor? ¿O ese desembarco, viniendo de Haití, con los pertrechos que le diera el presidente Petión, con el corazón ordenándole avanzar hacia el oeste, a liberar de nuevo a Caracas, y la razón exigiéndole que se lanzara a la guerra por la región oriental, que entrara por el Orinoco hacia el corazón de los llanos, en sucesivos conflictos y alianzas con Mariño y Bermúdez y Piar, los otros jefes guerrilleros? ¿O la alianza con Páez, sin la cual no habría podido fundar la república en Angostura, y esas campañas por las praderas abiertas, donde sus tropas al galope se hacían perseguir del adversario y en el último instante desaparecían, dejando a los enemigos a merced de las ciénagas?

¿Y quién no se verá tentado a construir un retrato de Bolívar a la luz de la intensa relación que tuvo con otros? Contrastar la versión de su nodriza Hipólita con la que nos podrían dar sus tutores o con el recuerdo que guardaría de él y de sus juegos de niños el rey Fernando VII; contrastar los recuerdos de su maestro Simón Rodríguez con la memoria que guardó de él el barón Alejandro de Humboldt después de sus diálogos de salón en París y de sus cabalgatas por los alrededores de Roma; superponer a la imagen del Bolívar insubordinado, que se llevó a la tumba Francisco de Miranda, la imagen del Bolívar capaz de firmar la sentencia de un compañero

de armas, que llevaría en la mente Piar cuando,
saludando la bandera desdibujada por las lágrimas,
recibió la descarga de la fusilería.

La vida de Bolívar nos enfrenta a una honda galería de parejas míticas: Bolívar y Rodríguez, o la lección de Rousseau; Bolívar y Humboldt, o el nuevo descubrimiento de América; Bolívar y Miranda, o el conflicto entre el sueño de liberar un mundo y la necesidad de inventarlo; Bolívar y Piar, o el fantasma de las guerras raciales; Bolívar y Páez, o la dificultad de modelar el barro americano; Bolívar y Santander, o los conflictos insolubles de una civilidad nacida de la guerra; Bolívar y San Martín, o los enigmas de la voluntad de poder; Bolívar y Sucre, o la hermandad de los espíritus; Bolívar y Morillo, o las metamorfosis de la guerra.

Masur dice que el rostro de Bolívar tenía una extraordinaria expresividad y cambiaba al ritmo de sus emociones con rapidez impresionante. Tal vez eso explique por qué los cuadros que tenemos de él, aunque mantienen unos rasgos básicos, la amplitud de la frente, la profundidad de los ojos, la calvicie frontal, la nariz recta, el amplio labio superior, el pronunciado labio inferior, o el modo como se destacan en el rostro los pómulos, siempre parecen ponernos en presencia de alguien ligeramente distinto.

El célebre archivo de Bolton, que contiene retratos desde la primera juventud, a veces nos asoma a seres que no se asemejan. Los cuadros de la infancia y la adolescencia parecen de otra persona. Pero es que la melancolía de los primeros tiempos y el idealismo de los segundos fueron remplazados en aquel espíritu por preocupaciones más terrenas, y aunque nunca desapareció el soñador y el idealista, los rasgos que delatan firmeza y severidad, audacia e ironía, las arrugas frontales de una excesiva preocupación, las arrugas laterales de sus arrebatos de ira o de alegría, y las ojeras de las largas vigilias, fueron ocupando su lugar en aquel rostro que profundamente trabajaban los días.

Todavía Bolívar escapa a nuestros marcos, así como siempre escapó de algún modo a sus pintores, que sólo lograban atrapar una faceta de ese rostro tormentoso y cambiante, así como ha escapado a los poetas, que desde los tiempos de Olmedo desesperaban por capturar a Bolívar en sus tropos y sus endecasílabos. Ni Olmedo, ni Silva, ni Caro, lograron hacer vivir a Bolívar en sus versos. Tal vez también convengan a Bolívar los misteriosos versos que Hölderlin dedicó a Napoleón:

Él no vive o perdura en el poema,
Vive y dura en el mundo.

En la prosa, García Márquez voluntariamente escogió al Bolívar de la derrota, visto con los colores del atardecer, con los matices del desengaño, ya de regreso de todas las cosas. Lo atrapó, ciertamente, aunque dejando afuera su infancia misteriosa, su adolescencia atormentada, sus batallas, sus triunfos, su intimidad con el poder y sus campañas desmesuradas.

Los entusiastas de Bolívar quieren saberlo todo. Cuántos kilómetros recorrió, cuántas batallas libró, cuántas mujeres alcanzó su abrazo. Cuántas cartas dictó, cuántas proclamas, cuántos discursos. También será intentado el recuento de sus libros, y el de sus caballos, aunque por estas crestas de los Andes más conviene imaginarlo en mula, como iba el propio Napoleón por los Alpes. Y hay que pensar también en cuántas batallas perdió como aprendiz de la guerra; o a cuánto ascendía la fortuna que entregó por América, un hombre como él, tan desprendido, que era capaz de dar siempre cuanto tenía. Y la mención de sus hábitos aristocráticos: las camisas, los trajes, las casacas, las botas, los pañuelos, las aguas de colonia. Cuando leemos sus cartas nos asombra la minuciosidad de su memoria, su conocimiento de los hombres, la conciencia del territorio, y la constante mención de cantidades de mulas y de herraduras, de armas y uniformes.

¿Cómo olvidar su gusto por las ceremonias y su nítida voluntad de alimentar leyendas? Cómo después de la batalla de Bárbula guardó el corazón de Atanasio Girardot en una urna de oro para llevarlo al Panteón en Caracas, cómo quería llevar el más sencillo atavío para su encuentro con Morillo.

Hay tantas cosas que queremos ver: cómo era la corona que Manuela Sáenz le arrojó desde el balcón en Quito, esa corona que no cayó a los pies de su caballo, como ella quería, sino en el propio pecho del general bañado en flores, quien alzó la cabeza y la vio, todavía con los brazos extendidos, en el balcón; o cómo fue ese primer diálogo de los dos, aquella noche, al ritmo de los valses de entonces, cuando él le dijo que si sus ejércitos tuvieran la puntería de ella, ya los españoles estarían derrotados; o cómo era la calle, mucho más profunda que ahora, bajo la ventana por donde él tuvo que saltar para escapar de la furia de los conjurados.

No todo lo mencionan sus biógrafos, pero de todo se encargan los libros, las bibliotecas enteras que se han escrito sobre él, y las que se escribirán en el futuro: sus varios baños diarios, sus espadas, sus libros de versos; cómo bailó la noche entera después de la entrevista de Guayaquil, la danza tal vez frenética de la victoria, mientras San Martín miraba a solas el mar quieto desde la proa de su barco. O esa costumbre de seducir a las mujeres deslumbrándolas con poemas, y su sorpresa de que esa quiteña que acababa de conocer fuera capaz de terminar, en inglés o en francés, los versos que él comenzaba a citar.

Quién tendrá el inventario de sus enfermedades, el recuerdo de su valor en las batallas, de su notoria incapacidad para el miedo, de su respeto por los rituales, que lo hacía ir juiciosamente a misa aunque su corazón fuera agnóstico. Y ahí están también su inflexible sentido de la justicia que lo hacía ser tan severo, sobre todo en los asuntos públicos; su estilo literario, que en las proclamas y en las cartas está lleno de originalidad; la altura y la elegancia de su pensamiento; su tendencia a examinarse y a criticarse a sí mismo, tan notoria cuando, por ejemplo, se enfurecía jugando al tresillo, y pasaba el resto de la noche tratando de entender por qué él, que era tan desprendido, tan manirroto, montaba en cólera por unas pérdidas materiales casi simbólicas, para llegar a la conclusión de que no era el hecho material de perder dinero sino el orgullo herido lo que lo enfurecía. O el misterio de esa energía vital que lo llevaba a cabalgar desde temprano, a dejar siempre atrás a sus compañeros de cabalgata, a soportar las infinitas travesías, a saludar el combate con emoción frenética, a vivir las batallas con una suerte de lúcida embriaguez y tener todavía fuerza bastante para el baile y para los largos combates del amor. El múltiple secreto de la seducción de su lenguaje –"sus ideas nunca eran comunes", dice Perú de Lacroix–, que dejó su memoria dispersa de mil maneras por las leguas de su patria y por los años de su historia.

Y al lado de todo ello, la necesaria enumeración de sus defectos: la cólera, la competitividad, la necesidad de ser siempre el primero, la extrema firmeza de sus convicciones, el excesivo espíritu militar, la ambición de mando y de gloria, y el modo como sus biógrafos nos van haciendo sentir que todos sus defectos eran casi tan necesarios como sus virtudes, porque una vida es un tejido inextricable que tal vez sólo se puede entender en su conjunto, y unas cosas requieren de las otras para formar su entramado de luz y de sombra. Sólo la plenitud de sus resultados nos permite al final valorar un destino. Por eso, cuando en los invisibles tribunales de la historia alguien pregunte cuál es el valor de Bolívar, alguien podrá mostrar la fundación de cinco repúblicas, la propuesta de que millones de seres humanos fueran dueños de su destino y dejaran de ser siervos de las coronas europeas, la lucha incansable de una generación por la libertad de un continente, y cada uno de nosotros podrá decidir en su corazón cuál es el valor de esas cosas y qué cielo merecen.

Tan asombrosos y nuevos habían sido aquellos hechos, cumplidos en veinte años, que la leyenda de Bolívar se apoderaba a lo lejos de los sueños de una generación de europeos, y en Italia, en los círculos de los carbonarios, el poeta George Gordon Byron sólo hablaba de su proyecto de viajar a Suramérica e ingresar como soldado, bajo el mando de Bolívar, en la lucha por la liberación de Colombia.

Suficiente prueba de las chispas que el Libertador encendía en aquellos espíritus es que, cuando Shelley y Byron compraron en Italia sus barcos para navegar por el Mediterráneo, mientras Shelley llamaba al suyo Ariel, en recuerdo del espíritu musical de *La tempestad*, Byron puso en la proa del suyo el nombre que iluminaba sus pensamientos: Bolívar.

André Maurois nos ha contado estas cosas en la magnífica biografía que escribió sobre Byron. Allí nos sorprende la cercanía del espíritu de Byron con el de Bolívar, y el modo como las pasiones que Bolívar pudo redimir o sublimar por la historia mantuvieron a Byron por mucho tiempo replegado en un drama interior. Vemos un ser que avanza lleno de gestos audaces y teatrales, y retrocede lleno de pesadillas y de remordimientos; un don Juan soñador, seductor de muchachas y de filósofos, lujoso y sensitivo, que no acaba de encontrar su destino en el mundo, y sólo se salva por la poesía.

De nada había hablado tanto Byron en Italia como de la inminencia de su aventura americana. Pero un día recibió la noticia de que Bolívar había triunfado en América y sus ejércitos habían expulsado al poder español. En el mismo momento estalló la insurrección de los griegos contra la dominación turca, y Byron, que no en vano era un lector apasionado de Goethe, una criatura fáustica, un romántico lleno de fascinación por el mundo del Mediterráneo, al día siguiente tomó la decisión de sumarse a las tropas rebeldes y dedicar su fortuna y su valor a luchar por la libertad de Grecia. Él mismo reclutó las tropas, él mismo diseñó los uniformes. Meses después moría de fiebre en los pantanos de Missolonghi y, como en un cuento de Borges, bien pudo soñar en su fiebre que estaba muriendo en las ciénagas del Orinoco o en las montañas del

Inca, luchando por una misma causa, por el sueño exaltado de la libertad y de la república.

Aunque ya no se alzarían en su memoria estatuas en las plazas de Suramérica, su admiración por Bolívar había sido un signo de aquella generación apasionada. Tiempo después Bertrand Russell diría que el momento más alto del romanticismo europeo no había sido un poema, ni un lienzo, ni una sinfonía, sino la muerte de Byron en Missolonghi luchando por la libertad de Grecia, y se hizo visible para nosotros, en el fondo de aquel cuadro romántico, como en un lienzo de Caspar David Friedrich, la silueta de un hombre perfilándose sobre las montañas de América.

Bastó que Bolívar muriera para que el continente amaneciera empedrado con sus estatuas. Ningún héroe moderno, dice Masur, ha sido más exaltado en piedra y en bronce. Pero al mismo tiempo se habló por todas partes de la traición de sus generales. El hombre que había conducido a la América hispánica a la emancipación, que con su lucha y con su pensamiento había dado forma a las naciones, que unió y condujo a los ejércitos que expulsaron a España, al final de su vida nos parece cercado por el odio de las repúblicas.

Sus propios generales se alzaron contra él. Venezuela, en poder de Páez, le había prohibido la entrada; Perú lo había rechazado, después de declararle la guerra a Colombia; Bogotá lo había expulsado.

El cuadro de un hombre que despierta un mundo para ser al final combatido por él, la imagen del nigromante que engendra una criatura que al final se rebela contra su creador, son metáforas que se nos antojan viendo a este hombre que desencadenó tantas fuerzas y acabó contrariado por ellas. Pero ¿podía ser de otra manera?

La prueba genuina de que el mundo que inventaba Bolívar era un mundo autónomo tal vez está cifrada en esa rebeldía, en la capacidad de rechazar al padre, en esa creencia que tantos tuvieron entonces de que podían prescindir del maestro y del jefe. Por eso es tan paradójico su destino y tan impreciso hablar de su derrota.

Bolívar comprendió que para expulsar a España era preciso unir a todo el continente. Hermanados por el enemigo, los americanos del sur realizaron los mayores esfuerzos y cumplieron grandes hazañas. Pero Bolívar quería algo más: que esa unión conseguida por la necesidad durara para siempre y garantizara un lugar nuevo en la historia para las naciones recién liberadas. Dispersos y perdidos en una naturaleza incontrolable, los países podían desaparecer del horizonte de la historia, su aventura de libertad podía naufragar en la anarquía o el aislamiento, todos podían ser devorados por los escualos grandes del mercado mundial.

Pero eso sólo él lo entendía. Salvo Sucre, tal vez, sus generales apenas eran capaces de concebir el sueño de las repúblicas; cada uno quería una módica patria, del tamaño de su capacidad o de su ambición, y tenía para ella toda suerte de pequeños propósitos. Inventarse repúblicas de legislación impecable, con escuelitas decoradas a la francesa, y niños uniformados yendo cada mañana a las factorías republicanas, a recibir su ración de civismo y de legalidad. Todo el ingenuo sueño de las repúblicas adolescentes. Querían olvidarse de la guerra y vieron en la fusión con sus vecinos la amenaza de grandes discordias. Entonces se encerraron en sus fronteras, a medias artificiales y a medias naturales.

El sueño estaba lejos, en el futuro. Nadie como Bolívar para ilustrar la tesis mucho posterior de Sigmund Freud sobre los que fracasan al triunfar. Al otro día de su gran victoria, nadie quería saber nada de él, a nadie le interesaba su sueño. Una vez expulsados los españoles, ya la unión continental no parecía necesaria, y nadie tuvo oídos para el discurso de este hombre que había concebido la independencia sólo como un paso en el camino de construir una gran nación.

Hay quienes piensan que son mucho más deseables y confortables las pequeñas naciones; hay quienes desconfían de las grandes federaciones y de la voracidad hegemónica de los imperios. Pero cuando esos imperios existen, las naciones aisladas necesitan mucho carácter y mucha cohesión interna para no ser traicionadas por los más ambiciosos de sus hijos, que llegan a creer que su propia conveniencia es lo mejor para su país. Bolívar no pudo abrirle camino a su sueño, demasiado temprano en verdad, y las plutocracias se apoderaron del continente, celebraron alianzas con los imperios, y el interés de las grandes mayorías de indígenas, de esclavos, de campesinos, quedó subordinado a los intereses de las élites, que en todas partes sólo se propusieron una precaria estabilidad social, fundada en los tensos equilibrios de la injusticia.

Ahora no lo dejemos en San Pedro Alejandrino, cerrando los ojos al mundo por el que gastó sus años y su fortuna, en cuya grandeza pensó hasta el último instante. Un hombre como él sigue viviendo en cada momento de sus días, sigue vivo en su infancia y en su adolescencia; en las cabalgatas con Matea por los llanos de la hacienda; en sus meditaciones en alta mar yendo hacia Europa sin presentir que viaja a encontrarse consigo mismo; sigue conversando con Miranda bajo los cielos negros de Londres; va en goletas y en *clippers* huyendo de isla en isla, de fracaso en fracaso; perdiendo todo sin cesar en el desastre de Ocumare; ganando todo otra vez en el avance por el Orinoco; seduciendo a Rebeca, a Anita la francesa, a Nicolasa, a Fanny, a Luisa, a Isabel, a Jeanette, a Josefina, a Manuela; soñando con la bella Bernardina bajo las ceibas grandes de Cartago o de

Cali; sigue nadando por el Orinoco con las manos atadas; intentando saltar sobre un caballo, una vez y otra vez, de porrazo en porrazo, hasta lograrlo; sigue bailando toda la santa noche si la pareja es buena; sigue pensando en Páez, enfureciéndose con Piar, odiando a Obando; pensando bien las cartas a Santander; leyéndole versos franceses a Perú de Lacroix desde su hamaca; sigue batiéndose espada en mano por un callejón de Madrid y en una playa de Cumaná; arriesgando su cuerpo en las batallas; y sigue abriendo selva, remontando peñascos, escrutando la niebla; por Trujillo y Mompox, por Pativilca; oye todos los pájaros del monte; siente pasar el vuelo de los vampiros tropicales; y se mece en su hamaca y piensa sus campañas; está entrando en las ciudades libres; sigue en Junín dirigiendo el combate, la carga de las lanzas,

El embate
De las lanzas que tejen la batalla escarlata,

sin saber que está escribiendo unos versos de Borges; sigue enfureciéndose con los tropiezos y con las traiciones; sigue escapando de la muerte en Jamaica; sigue pensando, con la pluma en la mano, bajo la sombra de grandes escarabajos, mientras las mariposas de la noche se queman en las lámparas; vuelve a pensar en las góndolas que cruzaban los canales radiantes, mientras su cuerpo baja tosiendo por el Magdalena ante una orilla de caimanes hambrientos; sigue redactando la Constitución de Bolivia; sigue encerrado en Guayaquil decidiendo con San Martín la suerte de América.

Así que lo podemos dejar en cualquier parte; en cualquier momento de su vida, y también del futuro. Podemos dejarlo ahora en una calle cualquiera de nuestro convulsionado presente, dejarlo preguntándose si valió la pena el esfuerzo. Pero no, él no se preguntaría eso. Leería los periódicos, miraría esas pantallas que no se callan nunca, trataría de ver en qué estamos. Nunca se estuvo quieto, y no tenía vocación de estatua. Echará a andar por una calle de éstas, en Puerto Príncipe o en Lima, en Trujillo o La Habana, en Cali o en Caracas. Siempre está todo por hacer, la historia empieza cada día. Ya no es un militar ni es un político, es un hombre común, un ciudadano. El desafío ahora es otro, y grande. Y se va preguntándose solamente una cosa: por dónde comenzar de nuevo.